PARENTÉ

DE LA BIENHEUREUSE

MARGUERITE-MARIE ALACOQUE

ET

VEROSVRES, SA PAROISSE NATALE

PARENTÉ

DE LA BIENHEUREUSE

MARGUERITE - MARIE ALACOQUE

ET

VEROSVRES, SA PAROISSE NATALE

TIRÉS

1° DES REGISTRES DE CATHOLICITÉ DE VEROSVRES ET DU BOIS-SAINTE-MARIE
2° DES ARCHIVES DES CHATEAUX DU TERREAU, D'AUDOUR ET DE CORCHEVAL
3° ET D'AUTRES DOCUMENTS IMPRIMÉS, MANUSCRITS ET TRADITIONNELS

PAR M. MAMESSIER

CURÉ DE DOMPIERRE-LES-ORMES
(SAONE-ET-LOIRE)

———⟶◦◦⟵———

AUTUN

IMPRIMERIE DEJUSSIEU PÈRE ET FILS

1878

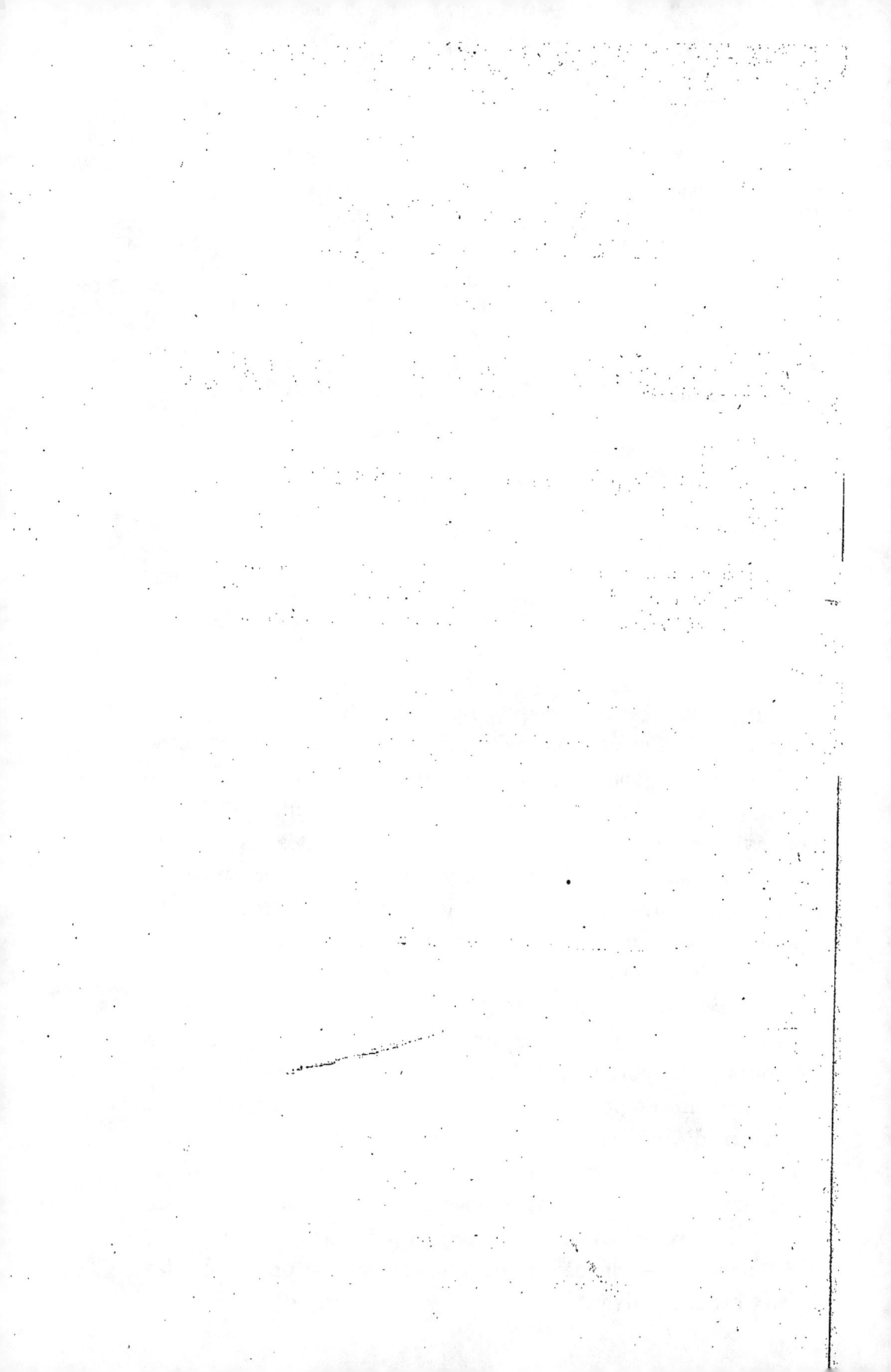

PARENTÉ

DE LA BIENHEUREUSE

MARGUERITE-MARIE ALACOQUE

I

PRÉAMBULE

Marguerite-Marie Alacoque, religieuse du monastère de la Visitation de Paray-le-Monial, qui a été béatifiée par notre Saint-Père le pape Pie IX, le 18 septembre 1864, et dont la cause a été reprise par Sa Sainteté, le 6 septembre 1866, sur un avis favorable de la Congrégation des Rites, est la personne la plus célèbre de la famille Alacoque qui cependant a été très honorable, par les emplois qu'elle a exercés, par la position sociale qu'elle a occupée et par les alliances qu'elle a contractées. Cette famille, quoique bourgeoise, avait ses armes parlantes peintes dans la tour carrée des Janots, maintenant convertie en chapelle, sur un cartouche soutenu par deux amours : elle portait d'or à un coq de gueules en chef et un lion de même en pointe. La famille Alacoque est originaire du hameau d'Audour, paroisse de Dompierre-les-Ormes, canton de Matour, arrondissement de Mâcon, département de Saône-et-Loire, diocèse d'Autun, et possédait dans cette paroisse de multiples propriétés en bâtiments, en prés, en terres, en bois, et un moulin à son usage, ainsi que le tout est prouvé par les deux articles suivants :

II

ACTES CONCERNANT LA FAMILLE ALACOQUE TIRÉS DES ARCHIVES
DU CHATEAU D'AUDOUR, PAROISSE DE DOMPIERRE-LES-ORMES

24 Janvier 1470, cahier 2, page 56.

Vente à noble Guillaume de Fautrières, seigneur d'Audour, paroisse de Dompierre-les-Ormes, par Jean Fabry et Benoite Alacoque sa femme, demeurant au hameau d'Audour, de tous leurs droits, tant dans la Combe-de-la-Rate, située à Audour et vendue par Jean Alacoque, que dans leurs maisons et dans leurs autres biens, meubles et immeubles, situés audit hameau d'Audour.

30 Mars 1472, cahier 8, page 25.

Terre de Jean Alacoque, située à Audour, et joignant de midi la Verchère-du-Pont, vendue par Jean Camy à Mᵉ Philibert Balay, notaire royal, demeurant au bourg de Dompierre-les-Ormes.

1478.

Terre de Vincent Alacoque située au finage d'Audour, paroisse de Dompierre-les-Ormes.

6 Février 1481, cahier 1, page 6.

Asservisation, moyennant la rente annuelle d'un blanc et d'une poule, par nobles Mathieu et Philibert de Fautrières, frères, seigneurs d'Audour, à Jean Alacoque et à Louis Alacoque son neveu, d'une maison située à Audour et joignant le jardin dudit Jean Alacoque par lui acquis de Guillaume Camy.

1481, cahier 8, page 25.

Maisons et prés de Vincent Alacoque et de ses frères, situés à Audour et joignant une terre et un pré qui ont été vendus par Moreau Vagier à Mᵉ Jean Balay, notaire royal à Dompierre-les-Ormes.

4 Décembre 1482, cahier 8, page 19.

Terre et pré de Benoît Alacoque situés à Audour et joignant une terre et un pré qui ont été vendus par Vincent Moreaulx à Mᵉ Jean Balay, notaire à Dompierre.

13 Mai 1483, cahier 3, page 10.

Accord entre Benoît Débrus, Hugonin Débrus, du hameau de Poisolles, paroisse de Dompierre-les-Ormes, et Benoît Alacoque, Guyot Alacoque, frères, du lieu d'Audour, sur les bruyères et les terres du pré Mouillon, par eux divisées, partagées et limitées par des bornes, selon leur droit respectif.

25 Janvier 1484, cahier 8, page 24.

Maison d'habitation et pré de Guyot Alacoque et consorts du hameau d'Audour, joignant une seigne et une terre qui ont été vendues par Hugues et Guillaume Vaulgier, d'Audour, à M⁰ Jean Balay, notaire royal à Dompierre-les-Ormes.

23 Avril 1484, cahier 8, pages 20, 21.

Pré de Guyot Alacoque et de Hugues Alacoque, situé à Audour et joignant le pré appelé Dupoy, vendu par Pierre Camy, d'Audour, à M⁰ Jean Balay, notaire à Dompierre.

1488.

Le nom de Guyot Alacoque est mentionné dans un acte daté de l'année 1488.

Janvier 1511, cahier 2, page 57.

Cession par Jean Alacoque et Antoine Alacoque à messire Mathieu de Fautrières, seigneur d'Audour, de leurs droits et de leurs actions dans leurs biens, situés au finage d'Audour.

3 Mars 1513, cahier 3, page 34.

Acquisition de Benoît Aumonier par Louis Alacoque et Jean Delagrange, de la moitié d'une maison avec ses aisances, située à Audour.

13 Mai 1513, cahier 8, page 23.

Pré de Louis Alacoque et consorts, joignant le grand pré situé à Audour et vendu par Benoît Deboisdulin à noble Marie de Vaulx, dame de Frouges, paroisse de Dompierre-les-Ormes, veuve de Jean de Nagu, seigneur de Faulin et de Frouges.

15 Février 1516, cahier 8, p. 17.

Pré de Louis Alacoque, situé à Audour et joignant le pré appelé Mardier et vendu par Benoît et Claude Deboisdulin à M⁰ Philibert Balay, notaire au bourg de Dompierre-les-Ormes.

8 Juin 1518, cahier 7, page 2.

Cession par Louis Alacoque, Jean Alacoque et Benoît Alacoque, du hameau d'Audour, à Jean Remillet et consorts, d'une maison, d'une grange et d'une étable situées audit Audour.

9 Novembre 1518, cahier 7, page 1.

Cession à Guillaume Remillet par Louis Alacoque et Jean Alacoque, et encore par Philibert Alacoque, Guillaume Alacoque, Emard Alacoque et Damiyennay Alacoque, ces quatre derniers fils et héritiers de Benoît Alacoque, du maix des Alacoque situé à Audour, de la verchère de la Fontaine, de la terre Girard et du champ des Combes, tous joignant la terre d'Alacoque Quoddinno.

7 Janvier 1519, cahier 8, page 24.

Vente par Claude de Boisdulin à Jean Alacoque, de la moitié des prés à la Rate et des Lytres, situés au finage d'Audour.

1er Janvier 1520, cahier 8, page 10.

Maison de Jean Alacoque et de Louis Alacoque, située à Audour et joignant la terre des Combes, vendue par Claude de Boisdulin à Me Philibert Balay, notaire royal à Dompierre-les-Ormes.

21 Août 1520, cahier 8, page 23.

Acquêt par Jean Alacoque, de Benoît Alacoque et de Claude Alacoque son fils, de la moitié des prés à la Rate et des Lytres situés au finage d'Audour.

2 Octobre 1523, cahier 8, page 13.

Verchère de Jean Alacoque et de Louis Alacoque joignant une maison située à Audour et vendue par Philibert de Nagu, seigneur de Frouges, paroisse de Dompierre-les-Ormes, et de Faulin, à Me Philibert Balay, notaire à Dompierre-les-Ormes.

24 Février 1526, cahier 7, page 23.

Accord entre Me Philibert Balay, notaire royal au bourg de Dompierre-les-Ormes, et Jean Alacoque, Louis Alacoque, Claude Alacoque, Philibert Alacoque, Guillaume Alacoque, Emard Alacoque, personniers et demeurant à Audour sur les terres du haut de la Toule, paroisse de Dompierre-les-Ormes, et joignant la terre des héritiers de Guyot Alacoque.

31 Janvier 1528, cahier 8, page 9.

Terre et verchère de Louis Alacoque et terre de Joseph Alacoque joignant différents immeubles vendus par Guillaume et Hugues Remillet d'Audour, à Me Philibert Balay, notaire royal au bourg de Dompierre-les-Ormes.

30 Novembre 1528, cahier 7, page 3.

Transaction entre Louis Alacoque et Philibert de Boisdulin sur une terre appelée la Seigne-sous-la-Maison-Alacoque et dont un tiers a été attribué à Philibert de Boisdulin et le surplus audit Louis Alacoque.

1er Juin 1529, cahier 6, page 66.

Pré de Jean Alacoque joignant le pré de la Faytte, situé à Audour, et vendu par Guyot Vaugier à Me Philibert Balay, notaire à Dompierre-les-Ormes, et terre des héritiers Alacoque joignant le pré Quadran.

30 Mars 1543, cahier 2, page 14.

Échange entre Guillaume Alacoque, Philibert Alacoque et noble Philibert de Fautrières, seigneur d'Audour, de la verchère de Laval, contre la terre aussi appelée de Laval, et une parcelle de verchère encore appelée de Laval, toutes mouvantes de la cure de Dompierre-les-Ormes.

4 Mars 1544, cahier 8, page 21.

Vente à messire Guy Balay, prêtre, demeurant au bourg de Dompierre-les-Ormes, et prieur de Drompvent, paroisse de Verosvres, par Philibert Alacoque, d'un pré indivis avec Guillaume Alacoque qui possède plusieurs autres fonds au finage d'Audour.

26 Décembre 1544, cahier 2, page 24.

Acquêt par Philibert Alacoque et Guillaume Alacoque de Jean Dalmon, d'un pré appelé les Closeaux ou Couzeaux et situé à Frouges, paroisse de Dompierre-les-Ormes.

Novembre 1545, cahier 2, page 2.

Transaction entre Jean Alacoque, Guillaume Alacoque, Antoine Alacoque, Philibert Alacoque, tous d'Audour, et noble

Gaspard de Fautrières, seigneur d'Audour, relativement à l'eau qui regonflait du bief desdits Alacoque et incommodait le moulin dudit seigneur d'Audour.

30 Novembre 1545, cahier 1, page 7.

Asservissage par Philibert de Nagu, seigneur de Frouges, paroisse de Dompierre-les-Ormes, à Philibert Alacoque et Guillaume Alacoque, d'une maison de 29 pieds sur 27, située audit lieu de Frouges, sous la rente annuelle de..... deniers, d'une poule et d'une mesure de seigle.

17 Mars 1548, cahier 7, page 8.

Quittance par Me Guy Balay, déjà nommé, à Philibert Alacoque et à Guillaume Alacoque son fils.

17 Août 1548.

Acte mentionnant Guillaume Alacoque, fils de Jean Alacoque.

1556, cahier 9, page 18.

Échange entre Guillaume Alacoque, Jean Alacoque son fils, d'Audour, et Philibert Noly, de Commerçon, paroisse de Dompierre-les-Ormes, de la moitié du pré de Lonsaigne contre le pré Laugère, sous l'étang de Pézanin, et le tiers indivis de la Combe du Perrier.

29 Mars 1559, cahier 3, page 64.

Vente par Guillaume Alacoque et Jean Alacoque son fils, d'Audour, à damoiselle Marie de Lacour, veuve de Gaspard de Fautrières et dame d'Audour, de deux étables avec aisances et cours, situées audit hameau d'Audour.

13 Novembre 1559, cahier 2, page 64.

Vente par Guillaume Alacoque et Jean Alacoque son fils, d'Audour, à damoiselle Marie de Lacour précitée, dame d'Audour, d'une terre appelée Fourcher, située à Audour, sous le servis dû à la cure de Dompierre-les-Ormes.

20 Octobre 1562, cahier 8, page 26.

Vente à Jean de Poncerd, de Dompierre-les-Ormes, d'une partie du moulin Alacoque, situé à Audour, dont les deux tiers appartenaient audit Jean de Poncerd, un neuvième à Marc Alacoque, et les deux autres deux neuvièmes à Philibert

Alacoque, personnier de Claude Bonnetin, et joignant le pré de Philibert Alacoque l'ancien, et de Guillaume Alacoque.

Avril 1574, cahier 2, page 43.

Vente à Guillaume Alacoque, d'Audour, par Benoît Grand-jean et Benoît Marot, de Commerçon, paroisse de Dompierre-les-Ormes, d'un pré situé audit Commerçon, appelé la Seigne-du-Rus, de la contenance de quatre chars de foin.

20 Mai 1575, cahier 3, page 47.

Vente à Philibert Alacoque et Claude Alacoque, d'Audour, par Louis Grandjean et Benoît Marot, de Commerçon, paroisse de Dompierre-les-Ormes, de la terre et du pré vers la Motte, situés audit Commerçon.

6 Avril 1577, cahier 6, page 7.

Bail à ferme par Louis Grandjean et Benoît Maréchal, de Commerçon, paroisse de Dompierre-les-Ormes, à Guillaume Alacoque, d'Audour, d'un pré situé audit Commerçon et appelé la Seigne-des-Verchères, de la contenance de quatre chars de foin.

8 Novembre 1579, cahier 2, page 7.

Sentence pour Philibert Alacoque contre le procureur d'office de la justice seigneuriale de Frouges, paroisse de Dompierre.

30 Mars 1581, cahier 2, page 43.

Vente par Guillaume Alacoque et Claude Alacoque frères, du lieu d'Audour, à noble Philibert de Fautrières, seigneur d'Audour, du pré du Rus, du pré et de la terre du Montel, tous situés à Commerçon, paroisse de Dompierre-les-Ormes.

30 Novembre 1581, cahier 2, page 5.

Partage entre Claude Alacoque, Guillaume Alacoque, Vincent Alacoque son fils, des biens situés à Audour, et ayant ensuite appartenu à Jean Robin, d'Audour.

30 Avril 1585, cahier 3, page 33.

Acquêt par Guillaume Alacoque, d'Audour, de Philibert Dalmon, de Frouges, paroisse de Dompierre, d'un pré situé audit lieu de Frouges et appelé pré des Bots ou pré Lye.

6 Novembre 1594, cahier 10, page 25.

Partage entre noble Philibert de Fautrières, seigneur d'Audour, Étienne Desbots, noble Philibert de Poncerd, seigneur de Lafay, paroisse de Dompierre-les-Ormes d'une part, et Guillaume Alacoque, Claude Alacoque, Me Vincent Alacoque, Benoît de Laroche, Marc Alacoque, tous habitants du hameau d'Audour, paroisse de Dompierre-les-Ormes, d'autre part, des bois de Lafayolle et des Ravières, situés au finage dudit Audour et dont un huitième a été attribué aux susdits Alacoque et de Laroche en leur qualité de tenanciers et de possesseurs du maix Alacoque situé à Audour.

17 Mai 1598.

Répartition de contributions de guerre rédigée par Me Vincent Alacoque, notaire royal à Audour, et y figurant comme propriétaire.

1642-1652.

Louis Alacoque, notaire royal à Audour, mari de Françoise Desbots, probablement parente d'Étienne Desbots, précité, est mentionné dans plusieurs actes de 1642 à 1652.

17 Janvier 1643, cahier 3, page 35.

Partage entre Benoit Alacoque de Dompierre-les-Ormes et Benoit Dupas, aussi de Dompierre, de la succession de Guillaume Chanus, en son vivant laboureur audit Dompierre-les-Ormes.

1652.

Un acte de 1652 mentionne un bois taillis, situé au finage d'Audour, et appartenant à Jean Alacoque.

11 Mai 1658, cahier 8, page 72.

Asservissage par le seigneur de Lafay, paroisse de Dompierre-les-Ormes, à Pierre de Lapierre et à Étiennette Alacoque sa femme, d'Audour, d'une parcelle de terre située près des halles d'Audour, moyennant une rente annuelle d'une mesure de seigle.

2 Juin 1658, cahier 8, page 71.

Acte mentionnant un pré des héritiers de feu Me Louis Alacoque, situé au finage d'Audour.

28 Avril 1670, cahier 10, page 3.

Partage entre noble Saladin de Fontelle, seigneur de Lafay, paroisse de Dompierre-les-Ormes, et Jeanne Alacoque, veuve d'honnête Claude Philippe, Jean Dussauge son gendre, tous les deux du hameau des Sertines, paroisse de Verosvres, du bois de Vaudemard, dont une contenance de cinq bichets a été attribuée aux susdits Alacoque et Dussauge.

1er décembre 1675, cahier 3, page 80.

Quittance de Claude-Hippolyte de Damas, seigneur de Dompierre-les-Ormes, de Frouges, à Barthélemy Colas, pour lods des fonds par lui acquis de Guillaume Alacoque et mouvants de la seigneurie de Dompierre-les-Ormes.

1er Mai 1676, cahier 4, page 11.

Vente à Jean Bonnetin, de Dompierre-les-Ormes, par Hippolyte Alacoque, de Bois-du-Lin, paroisse dudit Dompierre-les-Ormes, et Philiberte Dupaquier sa femme, de leur terre de Pézanin, joignant l'étang de Pézanin, paroisse de Dompierre-les-Ormes, de la contenance d'environ neuf mesures, provenant de feu Jean Dupaquier et revendue, le 23 juin 1678, à messire Claude-Hippolyte de Damas précité, seigneur de Dompierre-les-Ormes, de Frouges et de Lamotte, paroisse dudit Dompierre-les-Ormes, et ensuite seigneur d'Audour.

III

GÉNÉALOGIE DE LA FAMILLE ALACOQUE TIRÉE DES ACTES PRÉCÉDENTS

N. Alacoque, 5e aïeul de la bienheureuse Marguerite-Marie Alacoque.

M. N. Alacoque, du hameau d'Audour, paroisse de Dompierre-les-Ormes, diocèse d'Autun, fut certainement parent de Benoite Alacoque, femme de Jean Fabry, aussi d'Audour, qui, selon un acte notarié des archives du château d'Audour, en date du 24 janvier 1470, avait vendu, conjointement avec son mari, à noble Philibert de Fautrières, seigneur d'Audour, ses droits et ses actions, tant dans la combe de la Rate située à Audour et vendue par Jean Alacoque, que dans ses autres biens meubles et immeubles situés audit Audour. Jean Fabry était probablement parent soit de Hugues Fabry, abbé de Cluny en 1347, soit d'André Fabry qui en 1520 était curé de Curtil-sous-Buffières, maintenant petite paroisse de l'archi-prêtré de Cluny, mais anciennement bénéfice assez avanta-geux, soit enfin de Guillaume Fabry qui, en 1315, était notaire au bailliage de Mâcon, selon la page 160, ligne 6, de la généalogie de la maison de Damas imprimée en 1836 chez Plon, rue de Vaugirard, 36, à Paris.

N. Alacoque fut père de Jean Alacoque, susnommé et encore mentionné dans un acte de 1472, dans un du 6 février 1481, dans un autre de 1511, dans deux de 1518, dans un de 1519, dans deux de 1520, et dans d'autres de 1523, 1529 et 1543, dans lesquels il figure avec ses frères et ses autres parents, comme vendeur, ou acquéreur, ou copropriétaire de maisons, de prés et de terres situés au finage d'Audour; enfin, un acte du 17 août 1584, le cite comme père de Guillaume Alacoque.

N. Alacoque fut aussi père de Vincent Alacoque qui est nommé dans un acte de 1478, comme propriétaire d'une terre située à Audour, et dans un autre de 1481, comme copro-priétaire avec ses frères de prés et de maisons situés au finage d'Audour. Louis Alacoque, qualifié neveu de Jean Alacoque, dans l'acte du 6 février 1481, et probablement fils et héritier dudit Vincent Alacoque, est cité dans des actes du 3 mars et du 13 mai 1513, dans un autre de 1516, dans deux de 1518, dans un du 5 janvier 1520, dans des autres de 1523 et de 1526, enfin dans deux de 1528, comme copropriétaire, ou vendeur ou acquéreur de plusieurs maisons et d'autres immeubles situés au hameau d'Audour.

N. Alacoque fut encore père de Guyot Alacoque, men-tionné dans un acte de 1483, et dans deux de 1484, comme propriétaire d'une maison d'habitation, de prés et de terres au finage d'Audour.

N. Alacoque fut enfin père de :

Benoît Alacoque, 4ᵉ aïeul de la Bienheureuse.

Un acte de 1482, un autre de 1483, deux de 1518 et un en date du 20 août 1520, le désignent en qualité de copropriétaire et de coconcessionnaire avec ses frères et ses autres parents de plusieurs prés, terres et maisons situés au hameau d'Audour.

Il fut père d'abord de Philibert Alacoque, ainsi qu'il est dit dans un acte du 9 novembre 1518, contenant vente du maix des Alacoque situé à Audour et de plusieurs autres immeubles.

Des actes de 1526 et de 1543, deux de 1544, deux autres de 1545 et un de 1562 dans lequel il est appelé Philibert Alacoque l'ancien, le mentionnent comme transactionnaire, échangiste, acquéreur, asservisataire, conjointement avec ses frères, de multiples immeubles situés aux hameaux de Frouges et d'Audour, paroisse de Dompierre-les-Ormes.

Il fut aussi père d'Émard Alacoque, comme il conste par l'acte précité du 9 novembre 1518. Il est en outre fait mention de lui dans un accord en date du 24 février 1526, sur les terres du Haut-de-la-Toule, paroisse de Dompierre-les-Ormes, entre lui, ses frères et Mᵉ Philibert Balay, notaire royal, demeurant au bourg de Dompierre-les-Ormes et fondateur d'une aumône annuelle et perpétuelle de quatre-vingts mesures de seigle, actuellement desservie par Mᵐᵉ la comtesse de Marcellus, née de Forbin, propriétaire du château d'Audour.

Il fut encore père de Damiyennay Alacoque comme il résulte du susdit acte du 9 novembre 1518. Il est probablement le même que Claude Alacoque, aussi qualifié fils de Benoît Alacoque dans un acte du 21 août 1520, contenant vente de la moitié des prés à la Rate et des Litres situés au finage d'Audour, au profit de Jean Alacoque, ci-devant nommé. L'acte précité du 9 novembre 1518 mentionne aussi trois fois un autre Alacoque Quoddinno. Cette appellation est probablement un terme patois ou dérisoire.

Il fut enfin père de :

Guillaume Alacoque, trisaïeul de la Rienheureuse.

Ainsi qu'il est prouvé par l'acte déjà cité du 9 novembre 1518. Des actes de 1526, de 1543 et de 1544, deux de 1545, et un de 1562, énumèrent les prés, les terres et les bâtiments dont il était propriétaire, acquéreur, vendeur, échangiste, asservisataire, avec ses frères.

Il est certain que Guillaume Alacoque ou un de ses trois frères susnommés fut le père de :

Philibert Alacoque, bisaïeul de la Bienheureuse.

Il est nommé 1° dans une quittance notariée du 17 mars 1548, à lui passée par messire Guy Balay, prêtre, prieur de Drompvent, paroisse de Verosvres, demeurant avec son frère Philibert Balay, notaire déjà nommé, au château de Lafay situé au bourg de Dompierre-les-Ormes ; 2° dans un acte en date du 20 octobre 1562 contenant vente à M. Jean de Poncerd, de Dompierre-les-Ormes, parent de Philibert de Poncerd, seigneur de Lafay, paroisse dudit Dompierre-les-Ormes, d'une partie du moulin Alacoque situé à Audour, et dont les deux neuvièmes appartenaient audit Philibert Alacoque, personnier de Claude Bonnetin ; 3° enfin dans deux actes des années 1575 et 1579, portant vente et sentence à son profit.

Il fut père, 1° de Guillaume Alacoque, comme il appert par la quittance notariée du 17 mars 1548. Ce dernier eut deux fils à savoir : 1° Me Vincent Alacoque, notaire royal à Audour, de 1594 à 1627, ainsi qu'il est prouvé par un acte du 30 novembre 1581, par un du 6 novembre 1594, et par plusieurs autres qui le mentionnent ainsi que Louis Alacoque, probablement son fils, aussi notaire royal audit Audour de 1642 à 1652, et 2° Jean Alacoque, comme il résulte d'un acte de 1556, des autres actes des 29 mars et 13 novembre 1559 dans lesquels il est parlé de Guillaume Alacoque et de Jean Alacoque son fils, tous les deux demeurant à Audour, paroisse de Dompierre-les-Ormes.

Il fut aussi père, 2° de Jean Alacoque qui n'est pas

mentionné dans les archives du château d'Audour, et qui a été curé de Verosvres, au moins en 1611, ainsi qu'il résulte des registres de catholicité de cette paroisse qui ne commencent qu'en cette année, depuis laquelle jusqu'au 30 décembre 1637 il signe les registres comme curé de Vervosvres. Il en signe ensuite quelques-uns comme ancien curé ou prêtre de Verosvres. Selon acte reçu par Claude Alacoque, notaire à Verosvres, en date du 4 janvier 1646, il devint aumônier des chapelles de Saint-Laurent et de Notre-Dame-de-Pitié, sises tant dans l'église de Verosvres que dans l'enclos du château du Terreau. Il est décédé à Verosvres le 8 mai 1649, et le lendemain a été inhumé dans l'église de Verosvres, en présence d'Antoine Alacoque, curé de Verosvres, son neveu, comme il est déclaré dans l'acte mortuaire du 9 mai 1649 précité. Deux actes, l'un du 16 juillet 1641 et l'autre de 1645, mentionnent Benoît Long-vergne comme granger de Me Jean Alacoque, prêtre à Verosvres. Si le domaine dont il s'agit n'était pas celui de la cure de Verosvres, ce serait un autre probablement situé au hameau de Montot, paroisse dudit Verosvres et probablement aussi légué à Jean Alacoque, de Montot, neveu de Jean Alacoque, curé de Verosvres, et décédé le 1er mai 1667. La parenté avec Marguerite-Marie Alacoque tant dudit Jean Alacoque que des deux Antoine Alacoque aussi curés de Verosvres sera prouvée ci-après à l'occasion du dernier de ces Antoine Alacoque.

Il fut enfin père 3° de :

IV

CLAUDE ALACOQUE, GRAND-PÈRE DE LA BIENHEUREUSE

Il est facile de prouver que Claude Alacoque est fils de Phi-libert Alacoque, parce que un acte du 30 mars 1581 établit que Claude Alacoque et Guillaume Alacoque sont frères, et que un autre acte du 17 mars 1548 constate que Guillaume

Alacoque est fils de Philibert Alacoque. Un acte du 30 novembre 1581 contient le partage de plusieurs biens situés à Audour, entre Guillaume Alacoque, Vincent Alacoque, son fils, et Claude Alacoque. Enfin un acte du 6 novembre 1594 contient un autre partage entre noble Philibert de Fautrières, seigneur d'Audour, Etienne Desbots, noble Philibert de Poncerd, seigneur de Lafay, paroisse de Dompierre-les-Ormes, d'une part, et Guillaume Alacoque, Claude Alacoque, Mᵉ Vincent Alacoque, Jean Alacoque, Benoît de Laroche et Marc Alacoque, tous habitants du hameau d'Audour, d'autre part, des bois de Lafayolle et des Ravières situés au finage dudit Audour et dont un huitième fut attribué aux susdits Alacoque et de Laroche en leur qualité de tenanciers et de possesseurs du maix Alacoque situé à Audour.

Ce Claude Alacoque est le même que Claude Alacoque grand-père de la bienheureuse Marguerite-Marie Alacoque, soit à cause de l'identité des noms de baptême et de famille, soit à raison de la coïncidence des années. Une autre preuve résulte de ce que depuis l'année 1594, on ne trouve plus dans les archives du château d'Audour le nom de Claude Alacoque, tandis qu'on y voit figurer celui de plusieurs autres Alacoque, notamment dans un rôle de répartition de contributions de guerre en date du 17 mai 1598, déjà cité, qui mentionne comme propriétaire contribuable Mᵉ Vincent Alacoque, notaire royal à Audour. Ce fut donc vers ce temps-là qu'il alla se fixer en la paroisse de Verosvres, voisine de celle de Dompierre-les-Ormes, au hameau de Lhautecour ou des Janots qui en faisait partie, selon le terrier du château du Terreau, et dans le domaine de la famille de Laroche dont il avait épousé un membre, Jeanne de Laroche, fille de Claude de Laroche, dont la veuve Benoite N. est mentionnée comme marraine dans les registres paroissiaux de Verosvres du 27 mars 1615, du 20 septembre 1619 et du 18 décembre 1622, et petite-fille de Pierre de Laroche de Hautecourt dont parle un acte latin en date du 10 mai 1509, extrait du terrier des nobles Jean d'Amanzé et

François d'Amanzé, frères, seigneurs de Chauffailles, pour les droits et les servis qui leur étaient dus au hameau de Laroche, paroisse de Dompierre-les-Ormes, où le susdit Pierre de Laroche possédait quelques immeubles. Claude Alacoque n'existait plus en 1633, comme il appert par le registre de Verosvres du 6 novembre 1633, mentionnant comme parrain Claude Alacoque, fils de feu Claude Alacoque. Jeanne de Laroche, sa femme, vivait encore en 1655, puisque c'est dans le cours de cette année qu'on lui adressait un mémoire d'apothicaire à acquitter, et même en 1661, puisque, selon quelques historiens, elle était alors une des trois persécutrices innommées de la bienheureuse Marguerite-Marie Alacoque. D'après les registres de catholicité de Verosvres combinés avec le contrat de mariage de Jean-Chrysostome Alacoque, leurs huit enfants furent :

1° Catherine Alacoque. Les registres de Verosvres citent cinq fois pour marraine une Catherine Alacoque, qui est probablement celle dont il s'agit et dont la seule mention certaine est celle de l'acte du 13 avril 1647, année de la naissance de la Bienheureuse, dans lequel M. Antoine Alacoque l'ancien, et curé de Verosvres, atteste avoir inhumé Catherine Alacoque, sa sœur, au tombeau de leurs prédécesseurs. Quelques historiens désignent comme une des persécutrices de la Bienheureuse, une de ses tantes, Catherine Alacoque, qui, disent-ils, ne s'était pas établie : ce qui ne peut s'appliquer qu'à une autre Catherine Alacoque, si tant est qu'elle ait existé dans les conditions déterminées, et nullement à la précédente, qui était décédée avant la naissance de la Bienheureuse, ni à une autre Catherine Alacoque qui, selon le registre du 9 août 1635, était femme de M. Etienne Dubaron, ni enfin à une troisième autre Catherine Alacoque qui, suivant le registre du 6 juin 1644, était mariée avec M. Nicolas Léronde.

2° Benoite Alacoque, mentionnée soit dans le registre baptistaire du 20 septembre 1619, sous le nom de Benoite, femme de Denis Alavillette, soit dans celui du 22 octobre 1648, sous la dénomination de Benoite Alacoque, veuve de Denis

Alavillette, soit dans le registre mortuaire du 3 avril 1667, où M. Antoine Alacoque l'ancien, alors encore curé de Verosvres, certifie avoir enterré Benoite Alacoque, sa sœur. Elle était peut-être une des persécutrices de la Bienheureuse, conjointement avec une autre Benoite Alacoque, sa sœur, femme de Toussaint de Laroche, et Jeanne de Laroche, leur mère.

Un des fils de Denis Alavillette et de Benoite Alacoque a été Michel Alavillette, peut-être le même qui est mentionné au contrat de mariage précité de Jean-Chrysostome Alacoque, dont il est qualifié cousin, né en 1630, marié à 40 ans, le 23 novembre 1670, avec Claude Chiron. Leur fille Gilberte Alavillette, née le 10 octobre 1671, épouse le 29 février 1696 Jacques Dagoneaud, maître tanneur au Bois-Sainte-Marie, dont elle a sept enfants, entre autres : 1° Claude Dagoneaud, née le 20 décembre 1696 et mariée à Jean Michel, de Mont, paroisse de Suin, suivant le registre baptistaire du 8 mars 1720. 2° Antoine-Joseph Dagoneaud, né le 26 novembre 1703, et signant comme abbé au registre matrimonial de sa sœur, en date du 18 février 1727. 3° Antoinette Dagoneaud, née le 19 juin 1709 et mariée à Verosvres le 18 février 1727 avec Jacques Leschères, de Meulin, fils de François Leschères et de Marie Mazoyer, aussi de Meulin, et dont elle eut François Leschères, né à Meulin et décédé à Dompierre-les-Ormes, mari de Madeleine Barraud, de Tramayes, décédée à Verosvres, père et mère de Pierre Leschères, né à Dompierre-les-Ormes, décédé à Verosvres, mari de Jeanne Robin, de Matour, d'où sont issus plusieurs enfants, entre autres Michèle Leschères, née en 1800 et veuve de Jean Prost, de Verosvres, et Jean-Marie Leschères, né en 1814, marié avec Ursule Roux, de Brandon, et propriétaire-négociant au bourg de Dompierre-les-Ormes.

Un autre fils de Denis Alavillette et de Benoite Alacoque a été un autre Michel Alavillette, mentionné dans le registre de Verosvres du 5 juillet 1657 comme époux de Marie Duvair, dont il eut plusieurs enfants, entre autres : 1° Elie Alavillette,

né le 16 août 1660, dont la marraine fut Marguerite-Marie
Alacoque et le parrain Elie Pierre, du Bois-Sainte-Marie.
2° Antoine Alavillette, qualifié praticien à Verosvres, puis
notaire royal en 1687, à Vendenesse-lès-Charolles, et, suivant
le registre de Verosvres du 7 janvier 1701, notaire pour Vendenesse et juge du château du Terreau, y demeurant. Il
épousa, suivant le registre du Bois-Sainte-Marie du mois de
janvier 1686, Barbe Mathoux, fille de Jean-Baptiste Mathoux,
du Bois-Sainte-Marie, et de Marguerite Bouillet, et en eut
onze enfants, dont les principaux sont : 1° Jean-Baptiste Alavillette, né à Verosvres, le 23 janvier 1687, qui, selon un
contrat de mariage du 26 février 1753, était alors curé de
Vareilles-en-Brionnais. 2° Nicolas-Marie Alavillette, né à
Vendenesse-lès-Charolles le 29 mars 1688, mentionné dans
le registre de Verosvres du 4 août 1715 comme marchand à
Verosvres, dans celui du 15 décembre 1720, comme mari de
Jeanne Cottin, dans son acte de décès du 18 octobre 1721
comme bourgeois de Verosvres, et dans celui du 30 octobre 1718
comme neveu de M. Antoine Alacoque le jeune, curé de
Verosvres, ce qui doit s'entendre, non d'un neveu proprement
dit, mais d'un neveu à la mode de Bretagne ou de Bourgogne,
ou plus exactement d'un arrière-petit-neveu, toujours à la
même mode, c'est-à-dire parent du 2e au 4e degré, selon le
droit ecclésiastique. 3° Claude surnommé Antoine Alavillette,
né audit Vendenesse-lès-Charolles le 24 novembre 1689, marié
en premières noces avec Bénigne Bérard, veuve de M. Aubery,
dont il a entre autres enfants Claudine Alavillette, née à Vendenesse-lès-Charolles, le 8 septembre 1724, et mariée à
la Clayette le 27 février 1753 avec Joseph-François Jacquier,
notaire royal au Bois-Sainte-Marie, dont elle a 1° Benoite Jacquier, mariée à Jacques Deshaires, employé des postes à Cler-
mont-Ferrand ; 2° Anne Jacquier, femme de Pierre Colomb,
notaire à la Clayette, père et mère de Claude-Joseph-François
Colomb de la Pacaudière; 3° Claude Jacquier, notaire à Gibles,
marié avec Anne-Marguerite Cortambert, fille de Pierre-

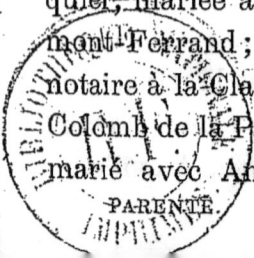

François Cortambert, de Bois-du-Lin, paroisse de Dompierre-les-Ormes, conseiller du roi à Mâcon, et de Denise Testenoire, et dont il a eu François-Joseph Jacquier, docteur en médecine à la Clayette, chevalier de la Légion d'honneur, Pierre-François-Denis Jacquier, notaire à la Clayette et juge de paix de ce canton, et Jean-Gabriel-François Jacquier, juge au tribunal civil de Charolles, tous les trois décédés sans postérité ; 4° Jean-Marie Jacquier, propriétaire au Bois-Sainte-Marie, qui épousa Antoinette Dumontceau dont il eut : 1° Jean-François Jacquier, percepteur à Saint-Germain-du-Bois, arrondissement de Louhans, marié avec Jeanne-Pierrette-Nathalie Jeanin... ; 2° François-Antoine Jacquier, ancien notaire à la Clayette, juge de paix de ce canton, marié à Louise-Caroline Buchet, tante de N. Despierres, femme de Jacques-Gabriel Bulliot, d'Autun, président de la Société Éduenne, et dont il a eu Charles-François Jacquier, avocat à Lyon, professeur de droit à l'Université catholique de cette ville, marié avec Louise-Marie-Anne Jacquet, de Lyon... Claude-Antoine Alavillette précité, épouse en secondes noces Luce Lambert, dont il a Antoine Alavillette, né le 25 juillet 1727 à Vendenesse-lès-Charolles où il fut notaire royal, et marié avec Nicole de Rougemont, père et mère de Henri-Alexis Lavillette, né le 1er septembre 1776 et décédé en 1859. Il avait épousé Anne-Nicole Pernot, fille de M. Pernot, avocat, administrateur au district de Charolles et au directoire de Mâcon, décédé juge de paix en 1825, en son château de Laverrière, canton de la Guiche. Un de leur fils est Jean-Nicolas-Victor Lavillette, propriétaire à Charolles, marié avec Nicole-Virginie Poivre dont il n'a pas d'enfant ; et l'autre est Paul Lavillette, époux d'Anne Monnier dont il a Victor Lavillette.

(Notes fournies par M. Jacquier, de la Clayette, et
M. Lavillette, de Charolles.)

3° Jean Alacoque de Montot, paroisse de Verosvres, qui, dans son acte mortuaire du 1er mai 1667, est qualifié frère de M. Antoine Alacoque, l'ancien curé de Verosvres, et qui épousa

Toussine Droin, née en 1604, et décédée le 11 janvier 1679, âgée de 75 ans. Leurs cinq enfants ont été : 1° François Alacoque, né le 1ᵉʳ août 1636 ; 2° Philiberte Alacoque, née le 22 mars 1638 ; 3° Antoine Alacoque, né le 18 juillet 1641 ; 4° Dimanche Alacoque, née le 3 décembre 1650 ; 5° Dominique Alacoque qu'on ne trouve pas dans les actes baptistaires, mais qui est dénommé dans le registre mortuaire de sa mère du 11 janvier 1679 précité. Il ne faut pas confondre les susdits Jean Alacoque et Toussine Droin avec un autre Jean Alacoque, fils de Denis Alacoque aussi du Montot, et marié avec une autre Toussainte Drouyn, selon acte du 20 février 1639 dont parle la *Semaine religieuse* d'Autun, 3ᵉ année, page 475.

4° Antoine Alacoque, neveu de Jean Alacoque, curé de Verosvres, selon son registre mortuaire du 9 mai 1649, déjà cité, est né en 1607, ainsi qu'on l'infère de son acte de décès du 17 septembre 1672 qui le dit âgé de 65 ans. Il signe les registres de Verosvres, le 6 novembre 1633, comme prêtre de Verosvres, et le 30 décembre 1637 comme curé de Verosvres. Il a eu l'honneur, le 25 juillet 1647, de baptiser sa nièce, la bienheureuse Marguerite-Marie Alacoque et d'en être le parrain représenté par son beau-frère Toussaint de Laroche. Démissionnaire de sa cure le 3 janvier 1670, il est décédé à Verosvres et a été inhumé dans l'église de cette paroisse le 17 septembre 1672, en présence d'Antoine Alacoque, son neveu et son successeur, et de plusieurs de ses parents et de ses confrères du voisinage.

5° François Alacoque dont on ne trouve pas l'acte baptistaire ni le registre mortuaire et dont la femme était Marie Furtin, née en 1602 et décédée à Verosvres le 24 septembre 1690. Ils demeurèrent à Cloudeau, paroisse d'Ozolles, et en 1645 à Montot, paroisse de Verosvres. Leurs enfants furent, 1° Antoine Alacoque, né à Cloudeau, paroisse d'Ozolles, le 4 avril 1641, et curé de Verosvres, qualification qui pourrait peut-être présenter quelque difficulté à cause d'un autre Antoine Alacoque, son cousin germain, né, comme il a été dit, le 18 juillet 1641 de Jean Alacoque et de Toussine Droin, et qui est parfaitement démontrée par l'acte déjà cité du 24 septembre 1690 dans lequel M. Antoine Alacoque, curé de Verosvres, certifie avoir inhumé dans l'église de Verosvres, Marie Furtin, sa mère, âgée de 88 ans. Il signe dans les registres paroissiaux de Verosvres, le 21 octobre 1664, comme ecclésiastique de Verosvres, le 29 janvier 1665 comme prêtre de Verosvres, le 3 janvier 1670 comme curé de Verosvres, et pour la dernière fois le 22 mai 1712. Il est décédé à Chalantigny, paroisse de Suin, le 30 octobre 1718, et a été inhumé le lendemain à Verosvres en présence de François Alacoque, son frère, de Pierre Alacoque, son parent, et de Nicolas-Marie Alavillette, son neveu, ainsi qu'il a été dit et expliqué ci-devant.

Il importe de remarquer que les registres de Verosvres établissent la parenté qui existait entre Jean Alacoque, Antoine Alacoque, et autre Antoine Alacoque, tous les trois successivement curés de Verosvres, attendu que suivant son acte mortuaire du 9 mai 1649, Jean Alacoque était oncle de Antoine Alacoque qui, selon son acte mortuaire du 17 septembre 1672, était aussi oncle d'un autre Antoine Alacoque ; mais ces registres ne contiennent aucune indication de parenté ni du degré de parenté de ces trois Alacoque, curés de Verosvres, avec les ancêtres paternels ou les parents collatéraux de la bienheureuse Marguerite-Marie Alacoque. Pour trouver cette parenté il faut recourir au contrat de mariage du 30 janvier 1666 entre le frère de la Bienheureuse, Jean-Chrysostome Alacoque, et Angélique Aumonier, dans lequel vénérable et discrète personne messire Antoine Alacoque est qualifié prêtre de Verosvres et cousin dudit Jean Chrysostome Alacoque et par suite aussi cousin de Marguerite-Marie Alacoque. Or cette qualification de prêtre de Verosvres ne peut pas s'appliquer à Antoine Alacoque l'ancien, parce que, en la susdite année 1666, il était encore curé de Verosvres, comme il a été dit ci-devant ; mais elle convient parfaitement à son neveu, Antoine Alacoque le jeune, parce qu'alors, ainsi qu'il vient d'être dit, il n'était pas encore curé de Verosvres, mais seulement prêtre de Verosvres. Quant à la qualification de cousin, elle doit s'entendre d'un cousin germain et non d'un cousin issu de germain, parce que dans ce contrat de mariage il est fait mention : 1° de Toussaint de Laroche et de son fils Antoine de Laroche, oncle et cousin de Jean-Chrysostome Alacoque ; 2° de Michel Alavillette, aussi cousin dudit Jean-Chrysostome Alacoque, en tant que fils de Denis Alavillette et de Benoite Alacoque, oncle et tante de Jean-Chrysostome Alacoque, ainsi qu'il a déjà été dit ; deux passages dans lesquels il est évident que le mot cousin doit être pris dans le sens de cousin germain et non de cousin issu de germain.

Les autres enfants de François Alacoque et de Marie Furtin ont été, 2° Gilberte Alacoque, née le 7 février 1645, décédée le 23 juin 1717 âgée de 72 ans, mentionnée dans l'acte baptistaire du 6 juillet 1673 comme sœur de M. Antoine Alacoque, curé de Verosvres, et dans celui du 22 mars 1669 comme sœur de François Alacoque ; 3° François Alacoque précité, mentionné dans le susdit acte du 22 mars 1669, comme frère de Gilberte Alacoque, dans plusieurs autres comme parrain, et dans celui du 30 octobre 1718, comme frère de M. Antoine Alacoque le jeune, curé de Verosvres.

6° Claude Alacoque, père de la Bienheureuse, et dont l'article suit, page 22.

7° Benoite Alacoque, née le 20 septembre 1619 et décédée à Verosvres le 19 janvier 1696. Elle épouse en 1637 et non en 1627 comme il est dit dans l'acte du 16 juin 1676, son parent Toussaint de Laroche né en 1606, dont le mariage fut réhabilité le 16 juin 1676, déjà cité, et où il est expliqué, par erreur, qu'il existait depuis 49 ans. Ce fut Toussaint de Laroche qui eut l'honneur de tenir la bienheureuse Marguerite-Marie Alacoque sur les saints fonts baptismaux de Verosvres le 25 juillet 1647, comme représentant d'Antoine Alacoque, curé de Verosvres qui l'a baptisée. Il était procureur d'office de la justice seigneuriale du château du Terreau, suivant le registre paroissial de Verosvres du 13 février 1660. Leurs enfants furent : 1º Jean de Laroche, né le 13 octobre 1649 et décédé avant 1676 ; 2º Marguerite de Laroche, née le 4 juin 1654 et mariée le 28 novembre 1673 à Mayeul Auclerc de Drompvent, paroisse de Verosvres ; 3º Antoine de Laroche, né le 5 février 1656, procureur d'office du Terreau selon le registre paroissial de Verosvres du 9 août 1690, et décédé à Verosvres, le 29 décembre 1712 ; 4º Jeanne-Gabrielle de Laroche, née le 25 mars 1659 et décédée avant 1676 ; 5º N. de Laroche dont il n'est fait mention que dans l'acte précité de réhabilitation de mariage du 16 juin 1676.

8º Jeanne Alacoque, née le 18 décembre 1622 et inhumée le 11 janvier 1682, âgée de 60 ans, en présence de Jean Philippe, de Claude Philippe et de Moïse Philippe, ses fils. Elle épouse Claude Philippe, des Sertines, paroisse de Verosvres. Leurs enfants ont été : 1º Catherine Philippe, née le 3 avril 1643 ; 2º Claude Philippe, né le 30 mars 1645 ; 3º Madeleine Philippe, née le 26 août 1646, mariée, selon l'acte baptistaire du 19 septembre 1668, à Jean Dussauge, des Sertines, paroisse de Verosvres, né en 1641, décédé le 16 février 1683, et dont le fils a été Joseph Dussauge, marié avec Marie Lacarelle, père et mère d'autre Joseph Dussauge qui épousa Madeleine Auduc dont il eut Antoine Dussauge, marié à Benoite Lardy, d'où est issue Madeleine Dussauge, femme de Benoît Jolivet, de Gibles, et demeurant au susdit hameau des Sertines ; 4º Claude Philippe, né le 23 octobre 1648 ; 5º Jean Philippe, né le 19 octobre 1650 ; 6º Philiberte Philippe, née le 15 septembre 1652 ; 7º Philibert Philippe, né le 10 juillet 1654 ; 8º autre Claude Philippe, né le 29 mai 1657 ; 9º Moïse Philippe, né le 25 mars 1659 ; 10º Claude-Joseph Philippe, né le 15 février 1663.

V

CLAUDE ALACOQUE, PÈRE DE LA BIENHEUREUSE.

Claude Alacoque, déjà nommé, fils d'autre Claude Alacoque et de Jeanne de Laroche, né à Verosvres, le 28 mars 1615,

notaire royal, demeurait, non au Terreau, comme par erreur
le disent quelques historiens, mais à Lhautecourt, paroisse
dudit Verosvres, selon les registres de cette paroisse du 4 juin
1654 et du 3 octobre 1661, qui mentionnent Mᵉ Claude
Alacoque, notaire royal, *demeurant à Lhautecourt*. Car ces
mots *demeurant à Lhautecourt* impliquent une demeure réelle,
une résidence de fait, et non une résidence de droit, un domicile légal, selon l'interprétation de ces historiens dont ils ne
produisent aucune preuve et qui ne repose sur aucun docu-
ment écrit ou traditionnel. Il était juge du Terreau en 1640,
ainsi qu'on le déduit d'une quittance notariée à la date du
16 août 1640, découverte en 1874, dont la minute est dans
l'étude de Mᵉ Chatot, notaire à Matour (Saône-et-Loire), où il
est qualifié juge des terres et dépendances de Verosvres, ce
qui renferme évidemment la justice de la seigneurie du Terreau, attendu que cette seigneurie était située sur le territoire
de Verosvres, aussi bien que la seigneurie du château des
Pierres dont il était aussi peut-être juge. Il est décédé à
Verosvres en 1655, selon le témoignage de Jean-Chrysostome
Alacoque, son fils, dans l'ouvrage intitulé : *Vie et œuvres de
la Bienheureuse*, tome I, page 262, ligne 12, et le 12 du mois
de décembre, selon M. Cucherat, *Semaine religieuse* d'Autun,
3ᵉ année, page 517. Au commencement de l'année 1639, il
épouse Philiberte Lamyn, née en 1612 et décédée à Verosvres
en 1676, comme il appert par son registre mortuaire du
27 juillet 1676, où elle est dite âgée de 64 ans. Le père de
Philiberte Lamyn était Mᵉ Philibert Lamyn, notaire royal à
Saint-Pierre-le-Vieux, canton de Tramayes, ainsi qu'il est
prouvé soit par la susdite quittance notariée du 16 août 1640,
soit par le testament de François Lamyn père de Philibert
Lamyn, du   1622, suivant une copie en la possession
de M. Cucherat, aumônier de l'hospice de Paray-le-Monial. On
trouve dans les registres de Verosvres le nom de l'un de leur
parent, Mᵉ François Lamyn, docteur en médecine à Mâcon,
parrain d'Élisabeth Alacoque, le 24 février 1674. La mère de

Philiberte Lamyn était, d'après le testament précité, Philiberte de Labellière, marraine de Chrysostome Alacoque, le 6 mai 1645, sœur de Me Jacques de Labellière, notaire royal, procureur au bailliage du Charollais, parrain de Gilberte Alacoque le 23 mai 1649 et de Jacques Alacoque le 19 novembre 1651, et inhumée à Verosvres, suivant le registre du 21 février 1654 qui lui donne la qualification de vieille Lamyn sans aucune autre désignation. Il y a encore à Saint-Pierre-le-Vieux plusieurs parents de la famille Lamyn, d'où sont issus quatre prêtres du diocèse d'Autun actuellement existants, à savoir : M. Benoît Duranton, curé de Trambly depuis 1874; M. Jacques Fouilloux, curé de Trivy depuis 1870 ; M. Étienne Augros, curé de Nanton depuis 1865 ; et M. Claude Augros, curé de Bourgvilain depuis 1876.

Les enfants de Claude Alacoque et de Philiberte Lamyn ont été :

1° Jean Alacoque, né le 9 juin 1640 et décédé à Verosvres le 24 avril 1663 ;

2° Claude-Philibert Alacoque, né le 27 juin 1642, avocat en parlement, selon le registre baptistaire du 18 juillet 1665, et décédé à Verosvres le 26 septembre 1665 ;

3° Catherine Alacoque, née le 27 février 1644, que le rédacteur de la parenté de Marguerite-Marie Alacoque, *Vie et œuvres de la Bienheureuse,* tome I, page 538, dit morte enfant, mais dont on ne trouve pas l'acte mortuaire dans les registres de catholicité de Verosvres ;

4° Chrysostome Alacoque dont il sera amplement parlé à l'article 8, page 28 ;

5° Marguerite Alacoque, la Bienheureuse, dont il sera parlé à l'article 6, page 25 ;

6° Gilberte Alacoque, née le 23 mai 1649, morte enfant, selon le rédacteur précité, et dont l'acte mortuaire n'existe pas dans les registres de Verosvres ; .

7° Jacques Alacoque, curé, dont il sera parlé à l'article 7, page 26.

VI

LA BIENHEUREUSE MARGUERITE-MARIE ALACOQUE.

Marguerite-Marie Alacoque, déjà nommée, née le 22 juillet 1647, au hameau de Lhautecour, paroisse de Verosvres, suivant une tradition locale dont il sera parlé à l'article 28, a été baptisée le 25 juillet 1647, par M. Antoine Alacoque, curé de Verosvres, son oncle paternel, qui fut aussi son parrain, et dont la marraine a été Marguerite de Saint-Amour, femme de M. Claude de Fautrières, seigneur de Corcheval, paroisse de Beaubery, et fille de Jacques de Saint-Amour, seigneur de Foncrenne et de Villiers, et de Béraude de Drée, fille de Guillaume de Drée, seigneur de la Serrée, paroisse de Curtil-sous-Burnand, et de Claude de Gellan, dame de Souterrain, selon la Généalogie imprimée de la maison de Drée, de Curbigny, page 16, ligne 18.....

On trouve dans les registres de catholicité de la paroisse de Verosvres, quatre fois la signature de Marguerite-Marie Alacoque, sur les sept fois que dans cette paroisse elle a été marraine ; à savoir :

1° Le 4 juin 1654, de Marguerite de Laroche, fille de Toussaint de Laroche et de Benoite Alacoque de Lhautecour, et dont le parrain a été Jean Leschères, maréchal du Terreau, paroisse de Verosvres ;

2° Le 26 août 1654, de Chrysostome Petit, fils de Philibert Petit et de Louise Alavillette, de Mont, paroisse de Suin, et dont le parrain a été Chrysostome Alacoque de Lhautecour ;

3° Le 16 août 1660, d'Élie Alavillette, fils de Michel Alavillette, marchand à Lhautecour, et de Marie Duvair, et dont le parrain a été Élie Pierre, bourgeois de la ville du Bois-Sainte-Marie et seigneur de Lacharnée ;

4° Le 28 mars 1661, de Marc-Antoine Gonneaud, fils de Barthélemy Gonneaud et de Catherine Pompanon, grangers à

Verosvres, et dont le parrain a été Antoine Alacoque, clerc audit Verosvres ;

5° Le 21 août 1661, de Marguerite Delorme, fille de Vincent Delorme et de Couronne Bonnin, du hameau de Lavaux, paroisse de Verosvres, et dont le parrain a été Jean Flumet ;

6° Le 26 octobre 1661, de Marguerite Maritain, fille de Claude Maritain et de Marguerite Perrin, des Goujats, paroisse de Verosvres, et dont le parrain a été Louis Bonnin.

7° Le 10 mars 1669, de Marguerite Alacoque, fille de Jean-Chrysostome Alacoque, de Lhautecour, et d'Angélique Aumo nier, et dont le parrain a été Toussaint de Laroche.

On ne trouve plus dans les registres paroissiaux de Verosvres aucune particularité concernant Marguerite-Marie Alacoque, qui, comme le disent ses historiens, s'est présentée au monas·tère de la Visitation de Paray-le-Monial le 25 mai 1671, a fait son testament le 19 juin 1671, son entrée au monastère le 20 juin 1671, a été reçue novice le 25 août 1671, professe le 6 novembre 1672, est décédée à Paray-le-Monial le 17 octobre 1690, et a été béatifiée le 18 septembre 1864.

VII

JACQUES ALACOQUE, CURÉ DU BOIS-SAINTE-MARIE.

Jacques Alacoque, déjà nommé, est né et a été baptisé à Verosvres le 19 novembre 1651. Son parrain a été son grand-oncle maternel, Jacques de Labellière, notaire royal, dont il a été parlé, et sa marraine, Anne de Saint-Julien, probable-ment parente d'Angélique de Saint-Julien, femme de Jean de Chapon, seigneur de la Bouthière, père et mère d'Élisabeth de la Bouthière, femme de Claude de Fautrières, second du nom, seigneur de Corcheval, paroisse de Beaubery.

Par son contrat de mariage du 30 janvier 1666, Jean-Chrysostome Alacoque est chargé par Philiberte Lamyn, sa mère, qui lui fait abandon anticipé de ses biens, sous certaines réserves, de payer les frais d'études ecclésiastiques de Jacques Alacoque, son frère, s'il veut être ordonné prêtre. Marguerite-Marie Alacoque, dans son testament du 19 juin 1671, avant son entrée en religion, dit que Jacques Alacoque, son frère, était alors étudiant au collège de Cluny et lui fait plusieurs petits legs qu'elle le prie d'accepter.

Jacques Alacoque, le 5 juillet 1671, a été parrain d'Hélisabeth Alacoque, fille de Jean-Chrysostome Alacoque et d'Angélique Aumonier, et dont la marraine était Élisabeth Quarré, femme de M. Antoine de Labellière, de Champlecy. Hélisabeth Alacoque, ainsi qu'il sera dit ci-après, a été probablement mariée à M. Philibert de la Métherie, quatrième aïeul maternel de Mgr Perraud, évêque d'Autun en 1874.

Jacques Alacoque, dans l'acte mortuaire d'Antoine Alacoque, son oncle, ancien curé de Verosvres, en date du 17 septembre 1672, est qualifié bourgeois de Lhautecour, ainsi que Jean-Chrysostome Alacoque, son frère.

Le 23 avril 1676, il a été parrain de Jacques Alacoque, fils de Jean-Chrysostome Alacoque, son frère, et d'Angélique Aumonier, et dont la marraine a été Anne Aumonier, femme de M. Jean Mantel, bourgeois à Saint-Antoine d'Ouroux, près de Monsol, et il signe en qualité de sous-diacre, ce qu'il fait aussi dans l'acte mortuaire de Philiberte Lamyn, sa mère, en date du 27 juillet 1676.

Le registre de catholicité du Bois-Sainte-Marie, en date du 21 décembre 1677, dit que M. Jacques Alacoque, bachelier en théologie, était curé de l'église paroissiale et archiprieurale du Bois-Sainte-Marie en remplacement de M. Pierre Polete, aussi bachelier en théologie, qui y avait été curé du 25 janvier 1645 au 5 février 1676, et qui était : 1° probablement fils ou au moins parent d'Étienne Polete, en son vivant notaire royal à Saint-Christophe-en-Brionnais, suivant un acte paroissial du Bois-Sainte-Marie en 1650 ; 2° frère d'Anne Polete, femme de Philibert Mazuyer, bourgeois à Tramayes, suivant le registre baptistaire du Bois-Sainte-Marie du 10 mai 1663, ensuite bourgeois au Bois-Sainte-Marie selon les registres du 28 novembre 1665 et de 1672, et 3° parent d'Antoine Polete, apothicaire à la Clayette en 1659.

Dans ses registres de catholicité du Bois-Sainte-Marie, il signe d'abord comme bachelier en théologie, puis comme docteur en droit civil et canon, puis enfin comme docteur en théologie, ainsi qu'il le fait dans l'acte mortuaire de M. Claude Thibaud, seigneur du Terreau, en date du 28 août 1688, et jamais comme archiprêtre du Bois-Sainte-Marie, dont étaient titulaires : 1° M. François Fénérot, curé d'Ozolles, selon les registres paroissiaux de Verosvres du 25 mai 1672, du 26 juillet 1680, du 25 juin 1686, du 4 février 1687, du 18 novembre 1692, et 2° M. Claude Fomerand, curé de Marcilly, selon un acte de dispense de parenté spirituelle du 20 juin 1721.

Les registres du Bois-Sainte-Marie ne contiennent pas l'acte mortuaire de M. Jacques Alacoque, curé, qui est décédé dans l'intervalle du 22 novembre 1712 où on trouve un registre signé de M. le curé de Gibles, au commencement du mois de février 1713, où l'on en trouve un autre signé de M. Lambert, curé du Bois-Sainte-Marie, successeur de M. Jacques Alacoque qui, suivant la tradition, a été inhumé dans la chapelle du Sacré-Cœur, bâtie et décorée aux frais de Jean-Chrysostome Alacoque, et dotée par Jacques Alacoque, curé, pour une messe à perpétuité tous les vendredis de l'année et dont celle du premier vendredi de chaque mois serait chantée solennellement. Il est bien regrettable, dit M. l'abbé Cucherat, qu'en réparant l'église du Bois-Sainte-Marie, de 1849 à 1854, on ait fait disparaître les derniers vestiges de ce pieux monument qui datait de 1689.

VIII

JEAN-CHRYSOSTOME ALACOQUE, FRÈRE DE LA BIENHEUREUSE.

Jean-Chrysostome Alacoque, déjà nommé, né et baptisé à Verosvres le 6 mai 1645, eut pour parrain Me Chrysostome

Dagonnaud, lieutenant de la maréchaussée du Charollais, et pour marraine Philiberte de Labellière, sa grand'mère maternelle. Selon M. Cucherat, dans les *Saints Pèlerinages de Paray-le-Monial*, page 174, il a été, de 1658 à 1660, pensionnaire au collége de Paray-le-Monial dont M. Dumény était alors principal. Suivant contrat du 30 janvier 1666, reçu par Moïse Bonnetin, notaire royal à Trivy, il épouse en premières noces Angélique Aumonier, fille de Moïse Aumonier, seigneur de Chalanforge, paroisse dudit Trivy, voisine de celle de Verosvres, et d'Huguette de Chapon de la Bouthière. M. Moïse Aumonier était probablement fils de Me Claude Aumonier, notaire royal à Trivy en 1620, et de plus frère ou au moins parent de Me Claude Aumonier, chirurgien, seigneur de Cymolan, paroisse de Colombier-en-Brionnais, mentionné comme parrain dans le registre de Verosvres du 15 février 1663, et marié, suivant l'acte baptistaire du 5 septembre 1672, avec Antoinette de Chapon de la Bouthière. Il est bien probable que Huguette et Antoinette de Chapon de la Bouthière étaient sinon sœurs du moins parentes d'Élisabeth de Chapon de la Bouthière, femme de Claude de Fautrières, second du nom, seigneur de Corcheval, paroisse de Beaubery, et fille de Jean de Chapon, seigneur de la Bouthière, gouverneur de Belleville, et d'Angélique de Saint-Julien.

Jean-Chrysostome Alacoque, avocat en parlement, souvent qualifié bourgeois de Lhautecour, paroisse de Verosvres, où il demeurait, et spécialement dans le registre mortuaire de sa mère, du 27 juillet 1676, transféra vers la fin de cette année ou au commencement de 1677, son domicile en la petite ville du Bois-Sainte-Marie pour y exercer ses fonctions de conseiller du roi en la châtellenie royale dudit Bois-Sainte-Marie dont il a été maire perpétuel, tout en demeurant juge du Terreau, ainsi qu'il résulte de l'acte baptistaire du 24 avril 1681 qui le qualifie bourgeois du Bois-Sainte-Marie et juge des terres et seigneuries du Terreau. Angélique Aumonier, après avoir été bien malade pendant longtemps, est décédée au Bois-Sainte-

Marie et a été inhumée le 23 septembre 1690 dans la chapelle du Sacré-Cœur de l'église du Bois-Sainte-Marie dont il vient d'être parlé.

Les enfants de Jean-Chrysostome Alacoque et d'Angélique Aumonier furent :

1° Claude Alacoque, née à Verosvres le 6 novembre 1666, baptisée le 27 décembre 1666, et morte fille au Bois-Sainte-Marie le 1er janvier 1686. Sa tante, Marguerite-Marie Alacoque, l'avait instituée son héritière universelle par son testament fait avant son entrée en religion, le 19 juin 1671, dont la minute est dans l'étude de Me Louis Thevenin, notaire à Charolles, et a été publié dans la *Semaine religieuse* d'Autun, de Chalon et de Mâcon, 2e année, n° 4, 22 janvier 1876, pages 67 à 70 ;

2° Huguette Alacoque, née à Verosvres le 20 et baptisée le 27 novembre 1667, dont il sera parlé à l'article 9, page 32 ;

3° et 4° Antoine Alacoque et Marguerite Alacoque, enfants jumeaux nés à Verosvres le 10 mars 1669 et morts avant la passation du testament de la Bienheureuse qui n'en fait aucune mention, tandis qu'elle fait des legs à ses autres nièces alors existantes ;

5° Madeleine Alacoque, née à Verosvres le 13 et baptisée le 19 juin 1670, et dont il sera parlé à l'article 10, page 33 ;

6° Élisabeth Alacoque, née à Verosvres le 3 et baptisée le 5 juillet 1671, dont il sera parlé à l'article 11 ;

7° Claude Alacoque, né à Verosvres le 5 septembre 1672, et décédé au Bois-Sainte-Marie le 2 avril 1680 ;

8° Autre Élisabeth Alacoque, dont il sera parlé à l'article 12, née à Verosvres le 24 février 1674, et non en 1678 comme le dit le rédacteur de la parenté de la Bienheureuse qui a omis l'autre Élisabeth Alacoque et qui mentionne Françoise Alacoque, née le 29 août 1679, et une autre Françoise Alacoque, aussi née le 29 du mois d'août 1687, et dont les actes baptistaires n'existent pas dans les registres du Bois-Sainte-Marie ;

9° Jacques Alacoque, né à Verosvres le 23 avril 1676, et décédé au Bois-Sainte-Marie, le 1ᵉʳ février 1682 ;

10° Jacqueline Alacoque, née au Bois-Sainte-Marie le 23 avril 1684 et, selon acte notarié passé devant Mᵉ G. Rouher, notaire royal à Charolles, le 29 janvier 1703, reçue religieuse urbaniste Sainte-Claire de la ville de Charolles où elle vivait encore le 18 juillet 1720, date de la quittance de la constitution dotale qui lui avait été faite ;

11° François Alacoque, né le 14 février 1686 au Bois-Sainte-Marie, où il est décédé le 20 juillet 1686.

Jean-Chrysostome Alacoque épouse en secondes noces, le 31 janvier 1694, Étiennette Mazuyer, fille de défunt Claude Mazuyer, en son vivant chirurgien au Bois-Sainte-Marie, et de Philiberte Pierre. Jean-Chrysostome Alacoque est décédé au Bois-Sainte-Marie le 22 juillet 1719, et a été inhumé le lendemain dans la chapelle du Sacré-Cœur qu'il avait fait construire et décorer à ses frais, et Étiennette Mazuyer, sa femme, née en 1663, décédée au Bois-Sainte-Marie le 4 juin 1738, a aussi été inhumée le lendemain dans cette chapelle du Sacré-Cœur. Leurs enfants ont été :

Deux filles jumelles, nées le 20 mars 1696, baptisées le même jour à la maison à cause du péril de mort et désignées dans le registre baptistaire du Bois-Sainte-Marie comme étant du sexe masculin, erreur qui a été corrigée dans les actes de leur mariage ou dans d'autres actes antécédents ;

1° Vincelette-Guillemette Alacoque, dont il sera parlé à l'article 13 ;

2° Anne Alacoque, dont il sera aussi parlé à l'article 14 ;

3° Jacqueline Alacoque, née le 26 février 1697 ;

4° Claude-Madeleine Alacoque, née le 24 février 1698, baptisée le 4 mars suivant, et dont il sera parlé à l'article 15 ;

5° Jean-Louis Alacoque, né le 4, baptisé le 5 février 1699, et dont il sera parlé à l'article 16 ;

6° Marguerite Alacoque, née le 19 et baptisée le 20 janvier 1700 ;

7° Marie-Françoise-Gilberte Alacoque, née et baptisée le 14 septembre 1701 ;

8° Pierre Alacoque, né et baptisé le 1er octobre 1702, et décédé le 13 décembre 1702 ;

9° Claude Alacoque, né le 28 novembre 1703 et baptisé le 2 décembre 1703 ;

10° André Alacoque, né, baptisé et décédé le 20 mai 1705 ;

11° Françoise Alacoque, née et baptisée le 29 août 1706.

IX

HUGUETTE ALACOQUE, FEMME DE JEAN LOMBARD.

Huguette Alacoque, déjà nommée, née à Verosvres le 20 et baptisée le 27 novembre 1667, épouse en premières noces, le 15 février 1689, Me Jean Lombard, notaire royal à Beaubery, mentionné dans les registres paroissiaux de Verosvres du 30 novembre 1686 et du 23 décembre 1689, greffier de la justice du Terreau, selon un autre registre du 23 janvier 1687, et parent de Jean Lombard, curé de Beaubery, aussi mentionné dans l'acte baptistaire du 11 janvier 1675.

Leur fille, Marguerite Lombard, épouse M. Archambaud-Thomas Joleaud des Forges, sous-lieutenant au bailliage du comté du Charollais. Il était parent, soit de M. Hercule Joleaud des Forges, docteur en théologie, curé de Saint-Julien-de-Civry, selon un registre du Bois-Sainte-Marie de 1735, soit de la sœur Joleaud, supérieure de l'hôpital de Marcigny, soit de M. Ferdinand Joleaud, de Paray-le-Monial, lieutenant-colonel du 7e régiment des dragons à Versailles, dont la lettre du 19 septembre 1875 adressée à M. Bougaud, vicaire général d'Orléans, a servi pour la découverte de la minute du testament de la Bienheureuse, sa parente. Huguette Alacoque, veuve de Me Lombard, épouse en secondes noces Jean Dargentel, aussi notaire royal à Beaubery.

X

MADELEINE ALACOQUE, FEMME D'ANDRÉ FÉNÉROT.

Madeleine Alacoque, déjà nommée, née à Verosvres le 13 et baptisée le 19 juin 1670, épouse, selon le registre du Bois-Sainte-Marie du 24 avril 1690, M. André Fénérot, bourgeois de la ville d'Autun, fils de Philibert Fénérot et de Françoise Combenost. André Fénérot, qualifié bourgeois d'Ozolles dans l'acte baptistaire de Verosvres du 9 février 1695, et citoyen d'Autun dans celui du 28 juin 1702, était probablement parent, soit de M. Edme Fénérot, chapelain du château de Rambuteau, paroisse d'Ozolles, d'après le registre de Verosvres du 17 septembre 1672, ensuite curé de Gibles ; soit de M. François Fénérot, curé d'Ozolles et archiprêtre du Bois-Sainte-Marie, de 1672 à 1692, comme il a été prouvé précédemment.

Leur fille, Jeanne Fénérot, épouse, selon le registre du Bois-Sainte-Marie du 20 janvier 1709, Mᵉ Aimé Mathoux, notaire royal au Bois-Sainte-Marie, fils de Louis Mathoux et de Benoite Corneloup, et dont elle a onze enfants, savoir :

1º Madeleine Mathoux, née le 20 de janvier à avril 1710 ;

2º Louis Mathoux, né le 10 octobre 1716, sous-diacre en 1740, provicaire de Couches en 1742, et curé de Sanvignes en 1748 ;

3º Pierrette Mathoux, née le 10 janvier ou février 1718 ;

4º Catherine Mathoux, née le 27 juillet 1719 ;

5º Gabriel Mathoux, né le 28 avril 1720 ;

6º Anne-Aimée Mathoux, née le 28 mars 1722, et décédée le 27 janvier 1724 ;

7º François Mathoux, né le 17 décembre 1724 et décédé le 15 février 1725 ;

8º André Mathoux, né le 30 janvier 1726 ;

9º Jacques Mathoux, né le 22 février 1727 ;

10° Claudine Mathoux, née le 25 septembre 1728 ;

11° Madeleine-Françoise Mathoux, née le 19 octobre 1729.

XI

ÉLISABETH ALACOQUE, FEMME DE PHILIBERT DE LA MÉTHERIE.

Elisabeth Alacoque, déjà nommée, née à Verosvres le 3 et baptisée le 5 juillet 1671, dont le parrain a été Jacques Alacoque, alors clerc à Verosvres, et en 1677 curé du Bois-Sainte-Marie, et la marraine Elisabeth Quarré, femme d'Antoine de Labellière, de Champlecy, et dont il n'est plus fait mention, ni dans les registres paroissiaux de Verosvres ni dans ceux du Bois-Sainte-Marie. Il est très probable qu'elle a été mariée à M. Philibert de la Métherie, né à Paray-le-Monial en 1667, d'autre M. Philibert de la Métherie, maître chirurgien audit Paray-le-Monial, et de Jeanne Bouillet, sa femme. Il était frère consanguin de M. Barthélemy de la Métherie que le registre baptistaire de Verosvres du 20 novembre 1684 qualifie maître chirurgien au Bois-Sainte-Marie. Il a exercé les fonctions de contrôleur au Bois-Sainte-Marie, selon un contrat de mariage passé devant Me Petit, notaire royal à Meulin, le 22 août 1694, selon un autre acte de 1704, en la possession de M. Cucherat, aumônier de l'hospice de Paray-le-Monial, et suivant le registre matrimonial de Verosvres du 11 novembre 1706, époque présumée de son départ pour le Berry afin d'y être notaire royal et tabellion du marquisat de Villequiers, ainsi que après lui, son fils Jean-Louis de la Métherie, marié à Hélène Gorgereau, de Bourges, dont il eût Louis de la Métherie, président de chambre à la Cour d'appel de Bourges et marié avec Thérèse-Albertine Luce.

Leur fille unique, Aglaé-Virginie de la Métherie, épouse à Bourges un soldat, M. Perraud, d'où sont issus deux fils, dont l'un est Mgr Adolphe-Louis-Albert Perraud, né à Lyon le 7 février 1828, et préconisé évêque d'Autun, le 4 mai 1874,

ainsi qu'il est plus amplement expliqué dans une note généalogique par M. Cucherat, aumônier de l'hospice de Paray-le-
Monial, publiée par la *Semaine religieuse* d'Autun, 1re année,
n° 49, 13 novembre 1875, page 969. Il est certain, par tradition
de famille, que Mgr Perraud est parent de la bienheureuse
Marguerite-Marie Alacoque, et c'est très probable, sauf preuve
contraire, qu'il l'est par Elisabeth Alacoque dont il n'est pas
parlé par le rédacteur précité de la parenté de la Bienheureuse,
peut-être parce que ayant quitté depuis longtemps son pays
natal, elle y était oubliée, mais dont l'âge coïncide assez bien
avec celui de M. Philibert de la Métherie.

XII

ÉLISABETH ALACOQUE, FEMME DE CLAUDE SAPALY.

Elisabeth Alacoque, déjà nommée, née à Verosvres, non en
1678, comme le dit le rédacteur de la parenté de la Bienheureuse, mais le 24 février 1674, épouse, au Bois-Sainte-Marie,
le 11 novembre 1698, Claude Sapaly, maître apothicaire à la
Clayette, fils d'autre Claude Sapaly, marchand à la Clayette,
et d'Anne Corneloup, et petit-fils de Sébastien Sapaly, aussi
marchand à la Clayette en 1644. Il est décédé au Bois-Sainte-
Marie le 13 février 1728, et Elisabeth Alacoque, sa femme, est
aussi décédée au Bois-Sainte-Marie le 18 mars 1749.

Leur fils, Antoine Sapaly, né à la Clayette en 1700, maître
tanneur au Bois-Sainte-Marie, épouse en premières noces
Nicole Bataillard, fille de N. Bataillard et de Marie Voiret,
née en 1706 et décédée le 8 janvier 1742. Leurs enfants ont
été : 1° Paul Sapaly, né le 22 octobre 1731 et décédé le
7 décembre 1731 ; 2° Jeanne Sapaly, née le 5 octobre 1733 et
mariée le 7 janvier 1750 avec Etienne de Montmessin, de
Colombier-en-Brionnais, et demeurant au Bois-Sainte-Marie ;
3° Jean-François Sapaly, né le 10 juillet 1736, et décédé le
14 novembre 1739 ; 4° Claude Sapaly, né le 12 avril 1739 et

dont il sera parlé ci-après *. Le susdit Antoine Sapaly épouse en secondes noces, selon le contrat du 7 avril 1742, Claudine Déal, veuve de Claude Marcaud et fille de Jean Déal, marchand à Châteauneuf, et de Laurence Perrier. Antoine Sapaly est décédé au Bois-Sainte-Marie le 13 octobre 1762, et Claudine Déal aussi au Bois-Sainte-Marie le 4 décembre 1782, âgée de 72 ans. Leurs enfants furent : 1° Claudine Sapaly, née le 10 janvier 1745, et mariée le 11 février 1766 avec Paul Geoffroy, du diocèse de Grenoble, et le 20 septembre 1785 marchand au Bois-Sainte-Marie où fut inhumée Anne Geoffroy, leur fille ; 2° Charles-Louis Sapaly, né le 15 avril 1746 et décédé le 7 septembre 1747 ; 3° Jean-Charles Sapaly, né le 9 août 1747 et décédé le 29 août 1747 ; 4° Jeanne Claudine Sapaly, née le 3 mai 1749 ; 5° Michel Sapaly, né le 25 octobre 1751, notaire royal au Bois-Sainte-Marie où il est décédé célibataire en 1836.

* Claude Sapaly, déjà nommé, épouse en secondes noces Jeanne-Marie Ducrot, née en 1737 à Dompierre-les-Ormes où elle est décédée en 1809, et dont il a : 1° Etienne Sapaly, né au Bois-Sainte-Marie le 16 octobre 1764 ; 2° Jean-Marie Sapaly, né au Bois-Sainte-Marie le 14 janvier 1766 et décédé sans enfants en 1836 à Dompierre-les-Ormes ; 3° Louise Sapaly, mentionnée ci-après ** ; 4° Antoine Sapaly, dont il sera aussi parlé ci-après *** ; 5° Pierre Sapaly, décédé sur mer en allant en Amérique ; 6° Marie Sapaly, mariée à Chapuis, instituteur à Charolles ; 7° Claudine Sapaly, mariée avec Guittat, chimiste à Paris, et dont elle a eu une fille qui vit encore et a épousé un liquoriste.

** Louise Sapaly, déjà citée, née en 1774 à Dompierre-les-Ormes, où elle est décédée en 1813, épouse un des fils de Jean Dumonnet et d'Antoinette Canard, Antoine Dumonnet, propriétaire à Dompierre-les-Ormes, où il est né en 1759 et décédé en 1816. Leurs enfants sont : 1° Marguerite Dumonnet, née en 1798 et mariée à Jean Bonnetin, de Trécourt, paroisse de Matour ; 2° Jeanne Dumonnet, née en 1800 et mariée en

1826 à Benoît Robin, propriétaire à Dompierre-les-Ormes et dont elle est veuve ; 3° Jeanne-Marie Dumonnet, née en 1805 et mariée avec Etienne Dufour, de Trambly ; 4° et 5° Deux filles jumelles, nées le 5 février 1809, à savoir : Marie Dumonnet, mariée en 1834 à Philibert Michon, de Dompierre-les-Ormes, et Michele-Louise Dumonnet, religieuse de St-Joseph de Lyon, sous le nom de sœur Sainte-Claire, et demeurant à la Pacaudière.

*** Antoine Sapaly, déjà nommé, né en 1777 à Dompierre-les-Ormes où il est décédé en 1809, a de Louise Lavenir, de Saint-Pierre-le-Vieux, sa femme, plusieurs enfants dont le seul vivant est Jean-Marie Sapaly, né à Dompierre-les-Ormes le 29 décembre 1809, qui a été héritier universel de son oncle Jean-Marie Sapaly, de Dompierre-les-Ormes, et de son grand-oncle Michel Sapaly, notaire au Bois-Sainte-Marie, possesseur de plusieurs actes concernant la famille Alacoque et remis en nature ou en copie au monastère de la Visitation de Paray-le-Monial, savoir : 1° le testament de Marguerite-Marie Alacoque ; 2° le contrat de mariage de Claude Sapaly et de Élisabeth Alacoque ; 3° le contrat de mariage de Chrysostome Alacoque et d'Angélique Aumonier ; 4° l'acte de réception en religion de Jacqueline Alacoque, qui tous ont été plus ou moins souvent cités. Jean-Marie Sapaly épouse, le 6 juillet 1837, Pierrette Charnay, de Varennes-sous-Dun, et en a plusieurs enfants, dont les seuls vivants sont : 1° Marie-Françoise-Eugénie Sapaly, demeurant avec son père, veuf, à Paris ; 2° Benoît-Philibert-Jules Sapaly, demeurant à Mâcon ; 3° Jean-Marie-Antoine Sapaly, demeurant aussi à Mâcon.

XIII

VINCELETTE-GUILLEMETTE ALACOQUE, FEMME DE CLAUDE-HENRI MARCOUX.

Vincelette-Guillemette Alacoque, née, comme il a été dit, au Bois-Sainte-Marie le 20 mars 1696, épouse en premières noces

Benoît Janin, habitant de la Chapelle et, en secondes noces, Claude-Henri Marcoux, maître chirurgien à Saint-Igny-de-Vers, qui est décédé en 1749, selon le rédacteur précité de la parenté de la Bienheureuse à qui cet article et les trois suivants sont empruntés avec quelques modifications. Leurs enfants sont :

1° François Marcoux, aussi chirurgien à Saint-Igny-de-Vers, marié en 1766 avec Antoinette Deschiseaux, née le 20 janvier 1740, du légitime mariage de Jean Deschiseaux, bourgeois à Dompierre-les-Ormes, et de Jeanne Charnay.

2° Claudine-Françoise Marcoux ;

3° Jeanne Marcoux, morte sans postérité ;

4° Suzanne Marcoux, mariée à Marc-Hilaire Lavenir, huissier royal à Matour, dont elle a eu :

1° François Lavenir, qui fut curé de Saint-Germain-au-Mont-d'Or, diocèse de Lyon, et qui a fait don à la paroisse de Matour de la moins grosse cloche de l'église ;

2° Un autre fils ;

3° Marie Lavenir, qui épouse Jean-Marie Dérieux, huissier à Lyon, dont elle a Caroline Dérieux et Claude Dérieux, aussi huissier à Lyon, et dont les enfants sont : Jean-Marie Dérieux, Maria Dérieux et Caroline Dérieux ;

4° Françoise Lavenir, qui épouse Claude Besson, de Matour, dont elle a quatre enfants : 1° Charles Besson, qui fut chanoine honoraire d'Autun, et aumônier du pensionnat des Enfants de Marie à Mâcon ; 2° Victoire Besson, mariée à Jean Sigaud. Ils ont huit enfants dont quatre décédés et quatre vivants, trois filles et un fils ; 3° Pétrus Besson, instituteur à Matour, qui épouse une demoiselle Litaudon, dont il a trois enfants, Joanny Besson, Charles Besson et Victorine Besson ; 4° Caroline Besson, qui épouse Nicolas Biet, de Langres, dont elle a un fils mort en bas âge.

XIV

ANNE ALACOQUE, FEMME DE CHARLES-HENRI DE LONGCHAMP.

Anne Alacoque, déjà nommée, née, ainsi qu'il a été dit, au Bois-Sainte-Marie le 20 mars 1696, épouse, le 21 février 1721, Charles-Henri de Longchamp, bourgeois à la Motte-Saint-Jean, fils d'autre Charles-Henri de Longchamp, ancien bailli de la Motte-Saint-Jean, et d'Anne Thevenard, sœur ou parente de Jean Thevenard, curé de Clessy où il fut remplacé par Pierre Alacoque... Leurs enfants furent :

1° Jeanne-Etiennette de Longchamp, née le 24 novembre 1721 au Bois-Sainte-Marie où elle est décédée le 19 décembre 1721 ;

2° Jean-Claude de Longchamp, né le 23 janvier 1723, au Bois-Sainte-Marie, où il est décédé le lendemain, selon le rédacteur de la parenté de la bienheureuse Marguerite-Marie Alacoque;

3° Charles-Marie de Longchamp, décédé le lendemain de sa naissance ;

4° Charlotte de Longchamp, née à la Motte-Saint-Jean ;

5° Charles-Henri de Longchamp, qui fut curé de Scey ;

6° Jean-François de Longchamp, qui épousa Marguerite-Françoise Brosse dont il eut : 1° Charlotte-Henriette de Longchamp ; 2° Jean-François de Longchamp ; 3° Marie-Couronne-Sophie de Longchamp ;

7° Une fille morte enfant ;

8° Marie-Anne-Joseph de Longchamp ;

9° Jeanne-Marie-Françoise de Longchamp ;

10° Pierre de Longchamp, décédé en 1731 ;

11° Catherine de Longchamp, née en 1733, morte en 1758.

XV

CLAUDE-MADELEINE ALACOQUE, FEMME DE JEAN LAMBERT.

Claude-Madeleine Alacoque, déjà nommée, née au Bois-Sainte-Marie le 24 février 1698, épouse le 18 novembre 1721 Jean Lambert, marchand à Vendenesse, neveu de Jean Lambert, curé de Vendenesse, et de Louis Lambert, notaire à Ozolles, et fils d'autre Jean Lambert, notaire royal à Viry, et de Claudine Remilliot, et dont elle a eu :

1° et 2° Deux fils morts en bas âge ;

3° Etiennette Lambert, dont il sera parlé ci-après * ;

4° Louise Lambert, religieuse chez les Urbanistes de Charolles ;

5° Marguerite Lambert, mariée avec Archambaud Joleaud, de Saint-Maurice, dont elle a Jacques Joleaud, avocat, marié à Jeanne Laizon, d'où sont issus trois enfants, deux filles et un fils.

* Etiennette Lambert, déjà nommée, épouse M. Claude Aubery, notaire à Charolles, procureur au bailliage du Charollais, fils de M. Aubery et de Bénigne Bérard, mariée en secondes noces avec Claude Alavillette, notaire royal à Vendenesse-lès-Charolles, et en a Madeleine Aubery, qui épouse M. Philibert de Gouvenain. Leurs cinq enfants sont :

1° Claude de Gouvenain, qui épouse Louise de Gouvenain, sa cousine germaine, dont il a Léonie de Gouvenain, mariée avec M. Gouvenain du Parc, dont elle a deux enfants : 1° Léon de Gouvenain qui épouse sa cousine Evélina de Finance ; 2° Louis de Gouvenain, archiviste à Dijon ;

2° Rosine de Gouvenain, mariée à Philibert de Laroche-Poncié dont elle a Madeleine-Henriette de Laroche-Poncié, qui épouse Eugène de Finance, de Paray-le-Monial, et en a deux enfants : 1° Evélina de Finance, mariée avec Léon de

Gouvenain ; 2° Eugénie de Finance, décédée à Paray-le-Monial
le 20 novembre 1876 ;

3° Victoire de Gouvenain, qui ne s'est pas établie ;

4° Emélie de Gouvenain qui épouse M. Dureil, de Bourbon,
et dont elle a eu Eugénie Dureil, qui a épousé M. Prudon, de
Charolles ;

5° N. de Gouvenain, mariée à M. Thiébault.

XVI

JEAN-LOUIS ALACOQUE.

Jean-Louis Alacoque, déjà nommé, né, comme il a été dit,
au Bois-Sainte-Marie, du mariage de Jean-Chrysostome
Alacoque et d'Etiennette Mazuyer, le 4 février 1699, procureur
du roi en la châtellenie royale du Bois-Sainte-Marie et maire
perpétuel de cette petite ville, est décédé au Bois-Sainte-Marie
le 15 avril 1731. Sa femme, Jeanne Grandjean, née en 1685,
et décédée en 1735, était probablement sœur de Mᵉ Pierre
Grandjean, notaire royal à Gibles, mari d'Etiennette Cortambert, sœur de M. Antoine Cortambert, curé de Gibles, et fille
de Mᵉ Louis Cortambert, notaire royal à Dompierre-les-Ormes,
juge d'Audour, et d'Antoinette Bonnetin. Il en eut : 1° Pierre
Alacoque, ci-dessous; 2° Jean Alacoque, ci-après, n° 17,
page 41.

Pierre Alacoque, né au Bois-Sainte-Marie le 10 mars 1724,
dont le parrain a été ledit Pierre Grandjean et la marraine
Etiennette Mazuyer, clerc tonsuré en 1746, vicaire de Charolles
en 1750, et curé de Clessy en 1755, en remplacement de
M. Thevenard, ainsi qu'il a été dit précédemment.

XVII

JEAN ALACOQUE.

Jean Alacoque, né au Bois-Sainte-Marie, le 26 février 1726,
de Jean-Louis Alacoque et de Jeanne Grandjean, a été maître

chirurgien juré au Bois-Sainte-Marie. Selon acte du 9 janvier 1777, reçu au Bois-Sainte-Marie par Mᵉ Jean-François Marcoux, notaire royal à Dompierre-les-Ormes, fils de Philibert Marcoux, de Saint-Igny-de-Vers, probablement frère de Claude-Henri Marcoux, mari de Vincelette-Guillemette Alacoque précitée, et dont la minute récemment découverte est dans l'étude de Mᵉ Pondevaux, notaire à Dompierre-les-Ormes, il a vendu à René-François-Marie Lagrost, clerc de palais à Lyon, fils de Ferdinand Lagrost, chirurgien à Verosvres, l'office de notaire de son bisaïeul Claude Alacoque, qu'il déclare en son vivant notaire royal demeurant à Lhautecour, paroisse de Verosvres. Il est décédé au Bois-Sainte-Marie le 1ᵉʳ octobre 1780.

Il épousa une parente de M. Claude Potignon, curé de Verosvres, Benoite Michel, très probablement fille de N. Michel, de Saint-Julien-de-Civry, et de Marie Circaud, d'Oyé, qui figure comme marraine de deux enfants de Jean Alacoque dans les registres du Bois-Sainte-Marie du 10 mars 1754 et du 9 janvier 1759. Benoite Michel vivait encore en 1790, selon le registre du Bois-Sainte-Marie du 10 avril 1790. Leurs enfants ont été :

1° Marie-Claudine Alacoque, née le 9 mars 1754, morte le 17 février 1783 ;

2° Françoise Alacoque, née le 29 juillet 1755 et mariée le 27 novembre 1786 à Jean-Martin Courtois, régisseur du marquisat de Maulevrier, paroisse de Melay, fils majeur des défunts Philippe Courtois et Marie-Charlotte Thomas, de la ville de Mézières, diocèse de Reims, et dont elle a : 1° Benoit-Jean-Charles Courtois, né au Bois-Sainte-Marie le 30 octobre 1788 ; 2° Claudine-Jeanne-Antoinette Courtois, née le 10 avril 1790 et décédée le 19 octobre 1790 ;

3° Catherine Alacoque, née le 16 décembre 1756 ;

4° Claudine Alacoque, née le 9 janvier 1759, mariée à M. Dulac ci-après ;

5° Claudine Alacoque, née le 29 septembre 1762, morte le 17 octobre 1762;

6° Marie-Claudine Alacoque, née le 4 octobre 1764 et décédée le 20 octobre 1764.

XVIII

CLAUDINE ALACOQUE, FEMME D'ANTOINE DULAC.

Claudine Alacoque, déjà nommée, née, comme il vient d'être dit, au Bois-Sainte-Marie le 9 janvier 1759, de Jean Alacoque et de Benoite Michel, épouse le 17 août 1789, au Bois-Sainte-Marie, M. Antoine Dulac, fils de défunt François Dulac, notaire royal à Tournus, et de vivante Espérance Monnier, et frère de Jean-Antoine Dulac, bourgeois demeurant à Tournus. Leurs enfants ont été :

1° Une fille mariée à un médecin de Salornay-sur-Guye;

2° Un fils célibataire;

3° Antoine Dulac, de Savianges, marié avec Mlle Gelin, de Charolles, dont il a eu :

François Dulac, au château de Savianges, paroisse de Savianges;

Joséphine Dulac, mariée à M. Delangle.

XIX

FAMILLES ALLIÉES AUX PARENTS DES ALACOQUE.

Il a été plus ou moins facile d'établir la généalogie des ancêtres paternels de la bienheureuse Marguerite-Marie Alacoque, en ligne directe et en ligne collatérale, ensuite la généalogie de ses parents collatéraux descendants. Quant aux autres Alacoque ci-après dénommés et alliés à d'honorables familles du voisinage, ils sont sans doute parents entre eux et parents de la Bienheureuse ; mais il a été, faute de documents plus explicites, impossible de déterminer la filiation et le degré d'alliance.

1612. Claudine Morel, femme de Denis Alacoque, père et mère de François Alacoque.

1616. Nicolas Augrandjean, époux de Benoite Alacoque.

1616. Jeanne Clément, femme Benoît Alacoque, père et mère de Jean Alacoque, de Henry Alacoque, 1627, de Claude Alacoque, 1630, de François Alacoque et de Françoise Alacoque, 1634.

1630. Françoise Philibert, femme d'André Alacoque, père et mère de François Alacoque.

1631. Pierre Auduc, de Verosvres, époux de Pierrette Alacoque, mariée en secondes noces avec Me Jacques Laborier, notaire royal à Trambly, en 1640 et 1664.

1635. Etienne Dubaron, mari de Catherine Alacoque.

1640. Louise de la Salle, femme de Claude Alacoque, père et mère de Benoît Alacoque.

1642. Jeanne Augrandjean, femme de Dimanche Alacoque, père et mère de Catherine Alacoque.

1642. Barthélemie Bonin, femme d'André Alacoque, des Chevannes, paroisse de Verosvres, père et mère de Claude Alacoque, 1642, de Catherine Alacoque, 1644, d'autre Catherine Alacoque, 1645, de Jeanne Alacoque, 1651 et de Georgette Alacoque, 1654.

1644. Me Nicolas Léronde, époux de Catherine Alacoque.

1645. N...., femme de François Alacoque, praticien à Mont, paroisse de Suin.

1657. Jeanne Decrozand, femme d'Aimé Alacoque, père et mère de Madeleine Alacoque.

1663. Vincent Cottin, de Laroche, paroisse de Dompierre-les-Ormes, mari de Henriette Alacoque, père et mère d'Antoinette Cottin.

1668. François de Laroche, de Lafay, paroisse de Dompierre-les-Ormes, mari de Philiberte Alacoque, de la paroisse de Beaubery.

1669. Philippe Clément, femme de Philibert Alacoque, des Champs, paroisse de Verosvres.

1670. Jean Laureand, des Moreaux, paroisse de Verosvres, mari d'Anne Alacoque.....

1670. Antoinette Vincent, de Champvent, femme de Jean Alacoque, père et mère de Philibert Alacoque.

1674. Claudine Janeaud, femme de Guillaume Alacoque.

1679. Antoinette Canard, de Trivy, femme de Jean Alacoque, des Champs, paroisse de Verosvres, père et mère de Claudine Alacoque.

1680. Jacqueline Cerclier, femme d'Antoine Alacoque, de Montot, paroisse de Verosvres, père et mère de Madeleine Alacoque.

1681. Gilbert Litaudon, des Champs, paroisse de Verosvres, mari de Madeleine Alacoque, père et mère de Pierre Litaudon, 1682, de Jacqueline Litaudon, 1685, de Pierrette Litaudon, 1687, de Benoite Litaudon, 1688, de Marguerite Litaudon, 1689, d'Elisabeth Litaudon, 1695, et de François Litaudon, 1697.

1681. Claude Cottin, de Beaubery, mari de Françoise Alacoque.

1683. Etiennette Lardet, fille de Pierre Lardet, de Dompierre-les-Ormes, femme de Jean Alacoque, père et mère de Claudine Alacoque, 1683, de Pierre Alacoque, 1684 et de Denis Alacoque, 1688.

1688. Denis Morin, des Ecosseries, paroisse de Suin, mari de Claudine Alacoque.

1688. Marie Bailly, femme d'Antoine Alacoque, de Montot, paroisse de Verosvres, père et mère de Jacqueline Alacoque, 1688, de Claude Alacoque, 1689, et de Benoît Alacoque, 1691.

1691. Catherin Bonnonnois, de Matour, mari de Françoise Alacoque.

1693. Pierrette Auduc, femme en premières noces de N. Alacoque, père et mère de Pierre Alacoque, vicaire de Suin en 1702, femme en secondes noces de Nicolas Morin, de Suin.

1704. Pierrette Desbas, femme de Philibert Alacoque, des Champs, paroisse de Verosvres, père et mère de Jeanne Alacoque, et femme en secondes noces de son beau-frère Pierre Alacoque, aussi des Champs, père et mère de Benoît Alacoque, 1708, et de Jean-Chrysostome Alacoque, 1712.

1706. Jeanne Bessac, femme de Guillaume Alacoque, père et mère d'Anne Alacoque.

1714. Pierrette Bonnetin, probablement de la paroisse de Meulin, femme de Claude Alacoque, de Montot, paroisse de Verosvres, père et mère de Jean Alacoque et de Marie Alacoque, 1716, de Jacques Alacoque, 1717, de Jacqueline Alacoque, 1719, de Claudine Alacoque, 1720, d'autre Claudine Alacoque, 1722, et de Louis Alacoque, 1739.

1715. Pierrette Corneloup, femme en premières noces de Philibert Alacoque, de Verosvres, et en secondes noces d'Antoine Berlière, de Gibles.

1716. Benoît Thulière, de Colombier-en-Brionnais, mari de Claudine Alacoque, de Lavaux, paroisse de Verosvres, père et mère de Claudine Thulière, 1723, et de Claude Thulière, 1732.

1735. Jeanne Laroche, femme de Pierre Alacoque, de Lavaux, paroisse de Verosvres, père et mère de Gilberte Alacoque et d'Antoine Alacoque, 1737.

1741. Benoît Benetule, mari de Claudine Alacoque.

1744. Claude Berthaud, de Lafay, paroisse de Dompierre-les-Ormes, mari d'Antoinette Alacoque, père et mère de Benoît Berthaud et d'Antoine Berthaud.

1752. Marie Basset, femme de Pierre Alacoque.

1753. Jean Perdon, de Beaubery, mari de Benoite Alacoque.

1757. Claude Lavigne, de Suin, mari de Jacqueline Alacoque, de Verosvres.

1759. Philiberte Decrozand, fille de Pierre Decrozand, femme d'Antoine Alacoque, de Lavaux, paroisse de Verosvres, père et mère de Louise Alacoque, 1764, de Louis Alacoque, 1771, de Claude Alacoque, 1773, et de Nicolas Alacoque, 1774.

1759. Jeanne Aufranc, femme de Louis Alacoque, de

Montot, paroisse de Verosvres, père et mère de Pierre Alacoque et de Jeanne Alacoque, 1759, de Madeleine Alacoque, 1762, de Philibert Alacoque, 1764 et d'Anne Alacoque, 1768.

1764. Benoite Guilloux, de Verosvres, femme de Jean Alacoque, d'Ozolles, fils de Claude Alacoque.

1768. Louis Petit, mari de Claudine Alacoque, père et mère de Claudine Petit.

1771. Pierrette Combier, femme de Louis Alacoque, père et mère de Jacques Alacoque, de Louise Alacoque, 1778, et de Vincent Alacoque, 1781.

1783. Benoît Bonin, mari de Jeanne Alacoque.

1791. Marie Morin, femme de Louis Alacoque, de Montot, paroisse de Verosvres, père et mère de Philiberte Alacoque.

XX

RÉSUMÉ GÉNÉALOGIQUE DE LA FAMILLE ALACOQUE.

1470   *N. Alacoque, père de :*

1470-1545 Jean Alacoque, père de Guillaume Alacoque;

1478-1481 Vincent Alacoque, probablement père de Louis Alacoque;

1483-1484 Guyot Alacoque;

1482-1520 Benoît Alacoque.

Benoît Alacoque, père de :

1518-1545 Philibert Alacoque;

1518-1526 Émard Alacoque;

1518-1520 Damiyennay Alacoque;

1518-1562 Guillaume Alacoque.

Guillaume Alacoque, père de :

1548-1579 Philibert Alacoque.

Philibert Alacoque, père de :

1548-1594 Guillaume Alacoque, père de Vincent Alacoque et de Jean Alacoque;

1611-1649 Jean Alacoque, curé de Verosvres,
1594-1633 Claude Alacoque, mari de Jeanne de Laroche.

Claude Alacoque, mari de Jeanne de Laroche, père de :
    Catherine ; — Benoîte ; — Jean ; — Antoine, curé ; —
    François ; — Benoîte ; — Jeanne ;
1615-1655 Claude Alacoque, mari de Philiberte Lamyn.

Claude Alacoque, mari de Philiberte Lamyn, père de : —
    Jean ; — Claude-Philibert ; — Catherine ; — Margue-
    rite-Marie ; — Gilberte ; — Jacques ;
1645-1719 Jean-Chrysostome Alacoque, mari d'Angélique Aumo-
    nier et d'Étiennette Mazuyer.

Jean-Chrysostome Alacoque, mari d'Angélique Aumonier
    et d'Étiennette Mazuyer, père de :
    Claude ; — Huguette ; — Antoine ; — Marguerite ; —
    Madeleine ; — Élisabeth ; — Claude ; — Élisabeth ; —
    Jacques ; — Jacqueline ; — François ; — Vincelette-
    Guillemette ; — Anne ; — Jacqueline ; — Claude-
    Madeleine ; — Marguerite ; — Marie-Françoise ; —
    Gilberte ; — Pierre ; — Claude ; — André ; — Françoise ;
1699-1731 Jean-Louis Alacoque, mari de Jeanne Grandjean.

Jean-Louis Alacoque, mari de Jeanne Grandjean, père de :
1724   Pierre Alacoque, curé de Clessy ;
1726-1780 Jean Alacoque, mari de Benoîte Michel.

Jean Alacoque, mari de Benoîte Michel, père de :
    Marie-Claudine ; — Françoise ; — Catherine ; — Clau-
    dine ; — Marie-Claudine ;
1759-1789 Claudine Alacoque, femme d'Antoine Dulac, de
    Tournus.

Claudine Alacoque, femme d'Antoine Dulac, de Tournus,
    mère de :
    Antoine Dulac, de Savianges, mari de N. Gelin.

Antoine Dulac, de Savianges, mari de N. Gelin, père de :
    François Dulac, au château de Savianges ;
    Joséphine Dulac, femme de M. Delangle.

ARBRE GÉNÉALOGIQUE

POUR

LA PARENTÉ DE Mgr PERRAUD, ÉVÊQUE D'AUTUN

AVEC LA BIENHEUREUSE MARGUERITE-MARIE ALACOQUE

Du frère de la Bienheureuse, Jean-Chrysostome Alacoque, et d'Angélique Aumonier, et d'Étiennette Mazuyer, sont issus :

Jean-Louis Alacoque mari de Jeanne Grandjean, père et mère de	1	Élisabeth Alacoque, femme de Philibert de la Métherie, père et mère de
Jean Alacoque, mari de Benoite Michel, père et mère de	2	Jean-Louis de la Métherie, mari d'Hélène Gorgereau, père et mère de
Claudine Alacoque, femme de Antoine Dulac, père et mère de	3	Louis de la Métherie, mari de Thérèse-Albertine Luce, père et mère de
Antoine Dulac, mari de N. Gelin, père et mère de	4	Aglaé-Virginie de la Métherie, femme de M. Perraud, père et mère de
François Dulac, de Savianges.	5	ADOLPHE-LOUIS-ALBERT PERRAUD évêque d'Autun.

VEROSVRES

PAROISSE NATALE DE LA BIENHEUREUSE
MARGUERITE-MARIE ALACOQUE

———

XXI

VEROSVRES.

La paroisse de Verosvres dont la population en 1877 est de 1,144 habitants et la superficie de 2,296 hectares, dépend civilement du canton de Saint-Bonnet-de-Joux, de l'arrondissement de Charolles, de la préfecture de Mâcon, du département de Saône-et-Loire ; et religieusement de l'archiprêtré de Saint-Bonnet-de-Joux, du provicariat de Charolles et du diocèse d'Autun ; anciennement elle dépendait de l'archiprêtré du Bois-Sainte-Marie, qui était une châtellenie royale, du bailliage du comté du Charollais, du diocèse d'Autun et de la province de Bourgogne.

Verosvres, au temps de la bienheureuse Marguerite-Marie Alacoque, de 1647 à 1690, était du Charollais, ainsi qu'on le prouve : 1° par le témoignage de M. Jean-Chrysostome Alacoque, frère aîné de la Bienheureuse, qui, dans sa déposition au procès épiscopal de 1715 (*Vie et Œuvres de la Bienheureuse*, tome I, page 355, ligne 12), dit que sa sœur est née au village de Lhautecour, paroisse de Verosvres en Charollais, et qui, dans son Mémoire (*Vie et Œuvres de la Bienheureuse*, tome I, page 362, ligne 5), redit la même chose ; 2° par les registres de catholicité de Verosvres qui ont été signés et paraphés par MM. les lieutenants du bailliage du Charollais, à savoir : M. Joleaud, en 1668 et 1673 ; M. Claude Desautels, en 1674 ; M. Pierre-Joseph Desautels, en 1687, 1688, 1690 ;

M. Étienne Dagoneau, seigneur de Marcilly, en 1689 et 1691; et depuis cette époque jusqu'à 1791 par dix-sept lieutenants du bailliage du Charollais et d'Autun qu'il est inutile de dénommer.

On ne peut légitimement invoquer à l'encontre un acte notarié du 23 mars 1656* rapporté par M. Bougaud, vicaire général d'Orléans, dans son *Histoire de la Bienheureuse*, 3e édition, page 496, ligne 17, où on lit : « Reconnu et fait au » lieu de Lhautecour, au chemin qui va dudit lieu à Trivy, » proche la terre et la vigne de madame Lamyn, *ressort du* » *Mâconnais*, comme ont dit les parties », parce que ces mots, *ressort du Mâconnais*, ne doivent pas se rapporter à Lhautecour dont ils sont séparés par vingt autres mots, mais bien à la terre et à la vigne qui appartenaient à ladite dame Lamyn et que les parties disaient être du Mâconnais où pouvait légalement instrumenter le rédacteur de cet acte, Me Claude Deschisault, qui était notaire royal à Dompierre-les-Ormes, paroisse du Mâconnais voisine de celle de Verosvres, et qui, selon l'acte baptistaire de Verosvres du 12 septembre 1662, était juge ordinaire des terres et seigneuries du Terreau, paroisse de Verosvres. Car si le hameau de Lhautecour eût été du ressort du Mâconnais, pourquoi ne pas signer l'acte dont il s'agit, à Lhautecour même, au lieu de se transporter à cet effet dans un lieu que les parties déclaraient dépendre du Mâconnais.

XXII

ANCIENNE ÉGLISE DE VEROSVRES.

L'ancienne église de Verosvres, sur l'emplacement de laquelle a été construite la nouvelle, se composait d'un petit sanctuaire dont l'autel était dédié à Saint-Bonnet, d'un chœur surmonté d'un clocher, et d'une seule nef, avec deux petits autels, l'un sous le vocable de la sainte Vierge et l'autre sous celui de saint Laurent dont on célèbre encore la fête dans la paroisse, le tout à plein cintre et dont on ignore la date de construction. Cette église était celle où la Bienheureuse a été baptisée, a prié, a fait si souvent la sainte communion, a été ravie en extase, et a été confirmée, sur délégation de Mgr de Roquette, évêque d'Autun, du 6 août 1669, par Mgr Jean de Maupeou, évêque de Chalon-sur-Saône, la veille ou le lendemain du 1er septembre 1669, jour de la visite pastorale de l'église de Dompierre-les-Ormes, paroisse voisine de Verosvres. La nef de cette ancienne église de Verosvres a été démolie en 1760 et reconstruite à neuf avec une tribune et deux petits autels sous les vocables ci-devant dénommés, ainsi qu'il est constaté par un procès-verbal de la visite de l'église et de la cure de Verosvres, dressé le 20 juin 1790. Cette reconstruction avait fait disparaître, ce que quelques historiens de la Bienheureuse regrettent, les fonts baptismaux où avait été baptisée Marguerite-Marie Alacoque. Pour encadrer, selon le désir de ces historiens, l'abside et le chœur de l'ancien édifice dans le nouveau, il aurait fallu ne faire qu'une seule grande nef à croix latine, dont l'une des branches du croisillon aurait été formée de la partie conservée. Les deux considérations qui ont motivé l'adoption d'un autre plan, sont que la bienheureuse Marguerite-Marie Alacoque avait été tout récemment honorée d'une chapelle particulière située au hameau des Janots et dont il sera parlé ci-après, et qu'elle aurait aussi une autre chapelle particulière dans la nouvelle église, ce qui a été pieusement et convenablement exécuté.

XXIII

NOUVELLE ÉGLISE DE VEROSVRES.

La nouvelle église de Verosvres, d'ordre toscan, à trois nefs, ayant son maître-autel en marbre blanc, sous le vocable du Sacré-Cœur de Jésus, et ses deux petits autels aussi en marbre blanc, l'un sous le vocable de la sainte Vierge, et l'autre sous celui de la bienheureuse Marguerite-Marie Alacoque, avec son effigie renfermant de ses reliques, a été intégralement reconstruite en 1858 et 1859, et consacrée par Mgr Frédéric-Gabriel-Marie-François de Marguerye, évêque d'Autun, de Chalon et de Mâcon, prélat assistant au trône pontifical, le mardi 27 juin 1865, la veille de plusieurs belles cérémonies en l'honneur de Marguerite-Marie Alacoque, béatifiée à Rome le 18 septembre 1864, toutes présidées par Mgr Guillaume Bouange, protonotaire apostolique, vicaire général d'Autun, ensuite curé de Saint-Géraud d'Aurillac, et en 1877 évêque de Langres, accompagné d'un grand nombre de prêtres du voisinage, et dont la plus imposante fut une procession d'environ six mille assistants des paroisses environnantes et particulièrement des jeunes personnes de Verosvres, de Dompierre-les-Ormes, de Gibles et d'Ozolles, portant des étendards, des oriflammes, des petites bannières surmontées d'une croix, des couronnes sur la tête ou des fleurs de lis et de marguerites à la main, ainsi qu'il est plus amplement raconté dans la *Semaine religieuse* de Lyon, 3e année, n° 29, p. 457.

XXIV

CHAPELLE DU TERREAU DANS L'ÉGLISE DE VEROSVRES.

Cette chapelle, dont il n'est fait aucune mention dans le procès-verbal de visite du 20 juin 1790, était adjacénte à l'ancienne nef de l'église de Verosvres et était appelée chapelle ou église du Terreau parce qu'elle appartenait au seigneur du château du Terreau, construit sur le territoire de cette paroisse. La situation de cette chapelle dans l'église de Verosvres est prouvée en termes explicites par les registres de catholicité de Verosvres : 1° du 27 juillet 1653 mentionnant un enterrement fait dans l'église de Verosvres joignant *la chapelle du Terreau ;* 2° du 14 mai 1655, relatif à l'inhumation du seigneur du Terreau dans l'église de Verosvres dans la *chapelle de ladite maison ;* 3° du 13 avril 1665, concernant une inhumation dans la chapelle *du Terreau* qui est dans l'église de Verosvres ; 4° du 26 avril 1669, certifiant l'enterrement de Mme Després, en la chapelle *du Terreau* qui est en *l'église* de Verosvres ; 5° du 31 décembre 1672, parlant de la chapelle du Terreau située dans l'église de Verosvres ; 6° du 28 août 1688, constatant l'inhumation de M. Claude Thibaud, seigneur du Terreau, dans la chapelle de Notre-Dame-de-Pitié étant dans l'église de Verosvres et appartenant audit seigneur.

L'existence de cette chapelle du Terreau dans l'église de Verosvres est aussi établie par le terrier du château du Terreau, probablement rédigé vers l'année 1737, en la possession de M. Guilloux, des Sertines, maire de Verosvres, où, à la page 119, il est expliqué « que les seigneurs du Terreau ayant » donné la place de l'église et du cimetière, de la contenance » d'un bichet, se sont réservés le droit de faire un caveau » tant à l'église qu'à la *chapelle* du seigneur, et que les pré- » décesseurs du seigneur actuel ont remis les rentes et les » droits dûs par M. le curé pour cinq prés ou terres, à la » charge par lui de réciter à haute voix *un libera* à l'entrée » de la grand'messe chaque dimanche, de porter et donner » eau bénite au seigneur et aux dames étant en leur *chapelle,* » les jours de dimanches et de fêtes solennelles. »

Cette chapelle seigneuriale avait encore dans les registres paroissiaux de Verosvres deux autres dénominations, à savoir : 1° chapelle de Saint-Laurent, dans les registres du 28 août 1619 et du 24 février 1648 ; 2° chapelle de Notre-Dame-de-Pitié, dans les registres du 2 avril 1676 et du 28 août 1688.

Les prêtres aumôniers de la chapelle dont il s'agit étaient : 1° selon un acte du 21 avril 1543, M. Guillaume Auduc ; 2° selon l'acte précité du 20 août 1619, M. Aumonier, curé de Sens-en-Bresse, qualifié dans ce registre : chapelain des chapelles de Saint-Laurent et de Saint-Denis de Verosvres; 3° M. François Basset, aussi qualifié chapelain des chapelles

Saint-Laurent et Saint-Denis, fondées en l'église et chapelle du Terreau. Suivant un registre de Verosvres du 1er février 1647, M. François Basset était vicaire de Suin, et en 1647 et 1651 curé de Meulin.

XXV

CHAPELLE DU TERREAU, AU TERREAU.

Il a existé successivement plusieurs chapelles au Terreau. La plus ancienne, qui était située dans l'enclos du château, est prouvée : 1° par l'acte du 25 novembre 1640 où il est dit que Jeanne-Françoise Arleloup, fille de Jean Arleloup, écuyer, seigneur du Terreau, et de dame Couronne d'Apchon, a été baptisée à la chapelle du château ; 2° par l'acte du 1er février 1645, constatant que M. François Basset, vicaire de Suin, a, sans permission de M. le curé de Verosvres, marié Jean Bailly et Michele Ducerf, dans la chapelle du château du Terreau ; 3° par l'acte du 4 janvier 1646, passé devant Me Claude Alacoque, notaire royal, et découvert par M. Bordat, curé de Suin, relativement à la nomination de M. Jean Alacoque, prêtre en la paroisse de Verosvres, à la chapellenie des chapelles de Saint-Laurent et de Saint-Denis, qui sont sises tant dans l'église dudit Verosvres que dans l'enclos du château du Terreau ; 4° par le registre du 26 octobre 1670, déclarant que les cérémonies du baptême ont été suppléées dans l'église de Verosvres à Philibert-Joseph de Thibaud et à Jean de Thibaud, tous les deux fils de Claude de Thibaud, baron Després, et de Gilberte Arleloup, dame du Terreau, et précédemment ondoyés à la chapelle du château du Terreau, l'un le 6 avril 1668 par M. Antoine Alacoque, alors curé de Verosvres, et l'autre le 2 juin 1668 par M. Benoît Aucaigne, aumônier au château du Terreau ; 5° par le registre matrimonial du 27 juin 1724, certifiant que M. Potignon, curé de Verosvres, a, par permission épiscopale, marié dans la chapelle du Terreau Catherine-

Claudine de Thibaud de Noblet Després, fille de défunt Claude-Hyacinthe de Thibaud et de Henriette-Brigitte de Martel, avec Georges-Melchior de Champier, comte de Chigy. Cette chapelle était sous le vocable de Saint-Denis. Ses aumôniers étaient : 1° selon transaction du 8 mars 1633 citée par M. Cucherat dans la *Semaine religieuse* d'Autun, 3° année, p. 807, M. Guillaume à qui succéda M. Gabriel Droin ; 2° selon l'acte notarié déjà cité du 4 janvier 1646, M. Jean Alacoque, ancien curé de la paroisse de Verosvres ; 3° selon l'acte précité du 2 juin 1668, M. Benoît Aucaigne dont il vient d'être parlé et qui, dans les registres du 31 janvier et du 19 septembre 1668, est encore mentionné comme chanoine d'Aigueperse et aumônier demeurant au châtel du Terreau.

L'existence de l'autre chapelle du Terreau, qui était située dans les bâtiments du château, est démontrée : 1° par le terrier précité du château du Terreau, 16e feuille, où il est dit : « que du côté du soir du château et des bâtimens du Terreau » sont deux cabinets, l'un pour la résidence du jardinier et » l'autre pour le dépôt des herbages d'hiver ; au milieu desquels bâtimens est une *chapelle* où l'on célèbre la sainte » messe et par dessus laquelle sont les archives, le tout construit par messire Claude-René de Thibaud de Noblet, marquis Després, chevalier, seigneur du Terreau... » qui, selon les registres de Verosvres, est né en 1704 et est décédé le 15 février 1760... « 2° Par le procès-verbal constatant la bénédiction de la chapelle domestique du château du Terreau » faite par Mgr de Montazet, évêque d'Autun, le 16 juin 1752, » et la permission pour y dire la messe les jours prohibés et » y confesser et communier Madame la Douairière » qui était Henriette-Brigitte de Martel déjà nommée et qui est décédée en 1758...

Les registres paroissiaux de Verosvres ne citent que deux aumôniers de cette chapelle : 1° M. Pierre-Sébastien Millot, prêtre, bachelier en théologie, résidant au château du Terreau, selon l'acte du 27 janvier 1745 ; 2° M. François d'Alivoust, qualifié dans un acte du 4 avril 1754 aumônier de M. le marquis Després, et dans un autre du 9 septembre 1754 aumônier du château du Terreau. Cette chapelle ne subsiste plus probablement depuis la reconstruction intégrale du château du Terreau en 1787, ainsi qu'il sera dit ci-après.

Il paraît que lors de cette reconstruction, et dans l'aile gauche du château, du côté du soir, dans la première pièce inférieure adjacente à la façade, et servant actuellement de cuisine, on avait établi une petite chapelle dont l'existence est prouvée d'abord par la tradition des propriétaires de ce château et ensuite par le bas-relief en plâtre qu'on voit encore au dessus de la porte de cette chapelle et qui représente les attributs du saint sacrifice de la messe, des calices en sautoir qui sont surmontés de grandes hosties.

XXVI

CHAPELLE DU CHATEAU DES PIERRES.

Cette chapelle qui n'est plus et qui était située au hameau des Pierres, paroisse de Verosvres, dans les bâtiments ou dans l'enclos du château des Pierres, n'est mentionnée dans les registres de catholicité de Verosvres que dans l'acte du 5 mars 1690, constatant que les cérémonies du baptême ont été suppléées dans l'église de Verosvres à Marie-Marguerite Droin, qui était fille de messire Louis Droin, écuyer, seigneur des Pierres, et de dame Philiberte de Lamartine, et qui avait été précédemment ondoyée dans la chapelle du château des Pierres. L'existence de cette chapelle peut en outre être établie : 1° par les registres paroissiaux de Verosvres du 5 avril 1674 et du 19 octobre 1676 qui citent M. Claude Dargaud, prêtre et aumônier demeurant au châtel des Pierres, probablement le même qui, le 17 septembre 1672, assiste à l'inhumation de M. Antoine Alacoque, curé de Verosvres, en qualité de vicaire de Dompierre-les-Ormes, quoique son nom ne figure

dans aucun registre de catholicité de cette dernière paroisse;
2° par le registre du 27 mars 1749 qui parle comme témoin
d'enterrement de Gilberte Aublanc, femme de Thomas Cottin,
des Sertines, paroisse de Verosvres, de messire Claude-Henri
Aublanc, prêtre résidant au hameau des Pierres, probablement
parce qu'il pouvait ou devait dire la messe dans la chapelle
du château des Pierres.

XXVII

CHAPELLE DU PRIEURÉ DE DROMPVENT.

Le hameau de Drompvent, paroisse de Verosvres, tire son
nom d'un personnage appelé de Drompvent dont quelques
descendants, selon les archives du château d'Audour, paroisse
de Dompierre-les-Ormes, étaient : 1° Marguerite de Drompvent, femme de Jean de Ponceton, et qui a vendu le 6 février
1528 une maison qu'elle possédait au bourg de Dompierre-les-
Ormes; 2° Louis de Drompvent, écuyer, seigneur du Pas,
paroisse de Montmelard, en 1537, et dont la femme était Louise
de Pourthon, probablement sœur ou parente de Jeanne de
Pourthon, femme de noble Claude d'Artus, paroisse de Beaubery; 3° Agnès de Drompvent, qui en 1568 était veuve de
Claude de Fautrières, fils de Jean de Fautrières, seigneur
d'Audour, précité, et de Huguette de Ris, père et mère de
Jean de Fautrières, Pierre de Fautrières et de Gabriel de
Fautrières, dont les lettres de prêtrise sont de 1499, selon la
Notice sur Dompierre-les-Ormes, par M. Mamessier, curé de
Dompierre-les-Ormes, pages 107 et 83; 4° Françoise de
Drompvent qu'un acte de 1574 qualifie veuve de noble Luc
du Crot.

Le prieuré de Drompvent, paroisse de Verosvres, dépendait
de l'abbaye de Lancharre, localité autrefois paroisse et réunie
à Chapaise par ordonnance royale du 14 juin 1845. Ce monastère de l'ordre de Saint-Benoît avait été institué au onzième

siècle pour des chanoinesses nobles et a été transféré en 1626 à Chalon-sur-Saône, sous Marie du Blé d'Uxelles, sa première abbesse, ainsi qu'il est dit dans la *Notice sur l'abbaye de Lancharre*, par M. Henri Batault, membre de la Société d'histoire de Chalon-sur-Saône.

La chapelle du prieuré de Drompvent est mentionnée : 1º dans le registre de Verosvres du 15 février 1697, constatant l'inhumation de messire Louis Droin, seigneur des Pierres, dans la chapelle du prieuré de Drompvent; 2º dans le procès-verbal de visite de l'église et de la cure de Verosvres du 20 juin 1790 déjà cité, où il est dit que la nef et le chœur de la chapelle du prieuré de Drompvent sont en mauvais état, à cause de leur vétusté, et que les murs du sanctuaire ont été reconstruits à neuf en 1765. Il ne reste de cette chapelle que le chœur et le sanctuaire.

Selon un acte des archives du château d'Audour, paroisse de Dompierre-les-Ormes, cité par M. Bougaud, vicaire général d'Orléans, dans son *Histoire de la Bienheureuse*, 3e édition, page 478, ligne 27, était prieur de Drompvent, le 4 mars 1544, messire Guy Balay, prêtre demeurant au bourg de Dompierre-les-Ormes avec son frère Me Philibert Balay, notaire royal audit Dompierre.

Les registres de catholicité de Verosvres du 24 juin 1689 et du 2 octobre 1699 mentionnent comme prieur de Drompvent M. Claude de Laforest, qui a exercé le saint ministère dans la paroisse de Dompierre-les-Ormes où il demeurait, suivant les registres paroissiaux du Bois-Sainte-Marie, en 1681. L'inventaire des titres et des papiers de la cure de Verosvres, dressé le 20 juin 1790, dit qu'à cette époque était prieur de Drompvent M. Joannin, curé de Saint-Jean-des-Vignes, près de Chalon-sur-Saône. Le prieur de Drompvent et les prieurs de Paray, de Charolles, Bragny et Perrecy, avaient droit d'assister aux États du Charollais, ainsi que les curés de Viry, de Vendenesse, de Martigny et de Charolles. (*Le Comté de Chalon*, par M. Quarré de Verneuil, p. 140.)

XXVIII

CHAPELLE DU HAMEAU DES JANOTS.

Le hameau des Janots est situé à huit cents mètres du bourg de Verosvres et à deux cents mètres du hameau de Lhautecour, dont il faisait autrefois partie, comme il est dit dans le Terrier précité du château du Terreau, page 5 verso, ligne 5, mentionnant une maison des Janots « située au lieu de Lhautecour, appelé les Janots. » La raison en est que le hameau de Lhautecour, outre sa proximité, était bien plus important que celui des Janots, tant à cause de sa plus nombreuse population que à raison de plusieurs foires qui s'y tenaient et qui plus tard ont été transférées au hameau des Bruyères. C'est ce qui explique pourquoi M. Claude Alacoque, père de la Bienheureuse, est qualifié, dans les registres de Verosvres du 26 mai 1644, notaire royal du village des Janots ; du 4 juin 1654, notaire royal demeurant à Lhautecour ; du 16 août 1660, notaire royal du lieu de Lhautecour ; du 3 octobre 1661, notaire royal demeurant à Lhautecour, et du 6 novembre 1666, vivant notaire royal du lieu de Lhautecour, d'où il résulte que le hameau de Lhautecour est bien plus souvent nommé que celui des Janots. C'est peut-être aussi pour cela que dans le procès-verbal d'enquête dressé le 9 février 1831 par M. Beauchamp, aumônier de la Visitation de Paray-le-Monial, et M. Desverchères, curé de Verosvres, il est dit que la tradition générale du pays rapporte que la bienheureuse Marguerite-Marie Alacoque est née au hameau de Lhautecour.

C'est dans le hameau des Janots qu'est située la maison d'habitation des Alacoque qui subsiste encore et qui est composée de deux corps de logis séparés par une cour. Une petite chapelle, dédiée au sacré Cœur de Jésus, a été érigée en 1846 en l'honneur de la bienheureuse Marguerite-Marie Alacoque, par Mlle de Gouvenain, sa parente, dans la chambre de la tour carrée de la maison bourgeoise des Janots qui lui appartenait et qui est en communication avec le dehors par son escalier extérieur donnant sur la cour qui est entre les deux corps de logis. Cette chapelle, ainsi que la chambre dite de la Vénérable, est décorée de peintures allégoriques sur les poutres et les solives du plafond qui ont été décrites par les historiens de la Bienheureuse, entre autres par M. Bougaud, pages 28, 30 et 65.

XXIX

CURÉS DE VEROSVRES.

1° M. Antoine Dechanlon, suivant une transaction du 25 avril 1519, entre lui et les habitants de Verosvres sur le droit de quarte...

2° M. Jean Alacoque, curé, signant les registres en 1611, décédé le 8 mai 1649, ainsi qu'il a été dit ci-devant, page 12.

3° M. Antoine Alacoque, né en 1607, curé de Verosvres en 1637, et décédé le 17 septembre 1672, ainsi qu'il a été exposé ci-devant, page 19.

4° M. Antoine Alacoque, né en 1641, curé de Verosvres en 1670, décédé le 30 octobre 1718, comme il a été dit page 19.

La paroisse de Verosvres a été desservie pendant cinq ans par les prêtres suivants : en 1712 et 1713, par M. Lapraye, vicaire de Verosvres; M. Burtin, curé de Beaubery; M. Guyon, curé de Suin, et par le Frère Jean-Joseph, récollet; en 1714, par le même Frère Jean-Joseph, M. Burtin, curé de Beaubery, M. Beaupuy, prêtre, et par les Frères Modeste et Philibert, aussi récollets; en 1715, par les Frères récollets Modeste, Julien d'Ambert et Jean-Joseph; en 1716, par M. Potignon, qui suit.

5° M. Claude Potignon, né en 1687, vicaire de Verosvres le 7 décembre 1716, curé de Verosvres le 27 avril 1717, a été

inhumé le 5 juillet 1762, âgé de 75 ans, dans l'église de
Verosvres, en présence de Claude Michel, bourgeois de Saint-
Julien-de-Civry, son parent, et de Benoite Michel, veuve de
Jean Alacoque, maître chirurgien au Bois-Sainte-Marie, dont
il a été parlé n° 17, page 41, aussi sa parente. Selon la page
196 du Terrier du château du Terreau, N. de Charmasse, d'Autun, probablement père ou du moins parent de la sœur Sophie
Desplaces de Charmasse, religieuse de la Visitation de Paray-
le-Monial, qui vivait encore en 1828, vendit le 8 juillet 1741,
à Claude Potignon, curé de Verosvres, un petit domaine qu'il
possédait à Chalantigny, paroisse de Suin, près de Verosvres,
et qui se composait d'une maison d'habitation, de granges et
écuries, d'un étang, de bois, de prés, de terres et de paquiers.
M. Potignon, curé de Verosvres, a eu pour vicaire pendant
quatre ans, M. l'abbé Cortey qui a été curé du Bois-Sainte-
Marie, selon le registre paroissial de Verosvres du 29 janvier
1788, et probablement parent de M. Claude Cortey, curé de
Colombier-en-Brionnais, en 1790.

6° M. René Plassard, né en 1709, curé de Beaubery, selon
plusieurs actes des registres de catholicité de Verosvres, et
particulièrement celui du 5 juillet 1762, signe ces registres
comme curé de Verosvres depuis le 15 juillet 1763 jusqu'au
13 novembre 1789. Il signe ces mêmes registres en qualité
d'archiprêtre, probablement du Bois-Sainte-Marie, depuis le
15 juillet 1763 jusqu'au 17 avril 1783. Il est décédé âgé de
81 ans, et a été inhumé au cimetière de Verosvres le 27 février
1790, en présence de M. Barault, curé de Suin, de M. Lardet,
curé de Trivy, de M. Antoine Michon, vicaire de Montmelard,
et de M. Jean Auduc, desservant de Verosvres.

7° M. Jean Auduc, né à Verosvres, sous-diacre en 1788,
ainsi qu'il résulte du registre matrimonial de Verosvres du
22 janvier 1788, vicaire de Verosvres, signant en cette qualité
le registre du 12 juin 1789, curé de Verosvres suivant le
registre du 29 mai 1790, qu'il signe comme desservant, dere-
chef, vicaire de Verosvres selon le registre du 12 novembre

1790, puis vicaire de Marigny d'après le registre de Verosvres du 1er mars 1791. Plus tard il a été curé de Grandvaux, puis d'Uxeau. Il était frère de M. Pierre Auduc, percepteur des contributions directes à Dompierre-les-Ormes. Il est décédé en 1840 à Dijon où il s'était retiré.

8° M. Philibert Battault, né le 1er juillet 1745, curé de Verosvres, signe en cette qualité les registres de catholicité de cette paroisse depuis le 9 août 1790, jusqu'à son décès à Verosvres, le 16 février 1806.

9° M. Charles Thevenet, frère de Philiberte Thevenet, femme d'Étienne Deschiseaux, bourgeois à Dompierre-les-Ormes, curé de Saint-Georges de Reneins en 1786, a exercé le saint ministère à Dompierre-les-Ormes comme prêtre habitué en 1804 et en 1805, et à Meulin aux mois de janvier et de février 1806, puis a été nommé, le 17 février 1806, curé de Verosvres où il est décédé le 26 mai 1807.

10° M. Jean-Baptiste Burelle, originaire du Bourbonnais selon la tradition locale, a été curé de Verosvres depuis le 17 octobre 1807 jusqu'au 5 octobre 1814. Pendant quelques années il a eu pour vicaire un prêtre espagnol.

11° M. Claude Guillemin, né le 25 juillet 1761, à Recy, paroisse d'Ozolles, diacre en 1788, curé de Montmelard en 1801, a été installé, le 1er avril 1815, curé de Verosvres où il est décédé le 19 juin 1826.

12° M. Antoine Desverchères, né à Tancon, canton de Chauffailles, le 8 septembre 1782, curé de Bragny-en-Charollais, a été curé de Verosvres depuis le 15 juillet 1826 jusqu'au 27 décembre 1840, a été ensuite prêtre habitué à Paray-le-Monial, puis à Saint-Laurent-en-Brionnais, et enfin à la Clayette où il est décédé le 14 mai 1854.

13° M. Jean-Baptiste Martin, né à Virey-le-Grand, le 4 août 1813, professeur au petit séminaire d'Autun, a été, du 3 janvier 1841 au 14 mai 1842, curé de Verosvres, ensuite curé de Montbellet, puis de Frontenaud, enfin de Pierreclos, et est décédé membre des prêtres de la Mission à Montpellier, le 2 février 1875.

14° M. Claude-Étienne-Ambroise Combrichon, né à Grandris, canton de Lamure, diocèse de Lyon, le 7 décembre 1809, vicaire de Semur-en-Brionnais, curé de Montagny-sur-Grosne, a été curé de Verosvres depuis le 29 mai 1842 jusqu'au 12 avril 1847, ensuite prêtre habitué dans le diocèse de Lyon, et est décédé à Grandris le 28 août 1875. C'est à ses démarches que l'on doit l'érection de la chapelle du hameau des Janots déjà citée, l'établissement de l'école des filles dirigée par les Sœurs de Saint-François-d'Assise de Lyon, la promotion au sacerdoce de MM. Duranton, Fouilloux, Étienne Augros et Claude Augros, ci-devant nommés; de MM. Pierre Philibert, archiprêtre de Montceau-les-Mines dont il était curé depuis 1866, Deshayes, archiprêtre de Tramayes depuis 1873, Benoît Berthier, curé de Saint-Pierre-le-Vieux depuis 1861, et Bansillon, curé de Farges-lès-Tournus depuis 1875.

15° M. François-Xavier Labrosse, né à Chauffailles le 7 avril 1806, vicaire de Semur-en-Brionnais et de Gibles, a été installé, le 4 juillet 1847, curé de Verosvres où il est décédé le 4 février 1872. C'est à son zèle qu'on est redevable de la construction et de l'ornementation de la nouvelle église de Verosvres et de l'institution des cérémonies annuelles en l'honneur de Marguerite-Marie Alacoque à la béatification de laquelle il a assisté à Rome, le 18 septembre 1864, avec plusieurs autres prêtres du diocèse d'Autun.

16° M. François-Joseph Dessolin, né à Saint-Aubin-en-Charollais le 25 décembre 1835, ordonné prêtre le 29 juin 1862, vicaire de la Guiche en 1862, de Montcenis en 1865, et pendant trois mois curé de Bourgvilain, en 1872, a été, le 3 mars 1872, installé curé de Verosvres où il s'est occupé en 1874 et 1875 de la reconstruction de la cure, et en 1877 de la rédaction d'un opuscule qui prouve amplement que Marguerite-Marie Alacoque est née, non au Terreau, mais aux Janots faisant autrefois partie de Lhautecour.

XXX

PRÊTRES NÉS A VÉROSVRES.

1° M. Guillaume Auduc, déjà nommé comme prêtre chapelain des chapelles de Saint-Laurent et de Saint-Denis, suivant échange en date du 21 avril 1543 entre lui et noble Louis de Drompvent, est aussi mentionné dans la *Notice* précitée *sur Dompierre-les-Ormes*, page 60, comme ayant été présenté le 14 juin 1549 par le cardinal de Lorraine, abbé de Cluny, pour être nommé curé de Dompierre-les-Ormes, en remplacement de noble et vénérable dom Raymond de Fautrières, seigneur de Vaulx, qui se proposait de résigner sa cure de Dompierre pour un autre bénéfice plus avantageux. Ces préliminaires n'aboutirent pas et rendirent inutile cette présentation.

2° M. Dominique Auduc, aussi mentionné dans la *Notice sur Dompierre-les-Ormes*, page 62, cité dans les registres de catholicité de Verosvres de 1618 comme ayant baptisé à Verosvres deux enfants, était curé de Dompierre-les-Ormes en 1631. Il institua pour son héritier universel son neveu Pierre Auduc, des Ducs, paroisse de Verosvres, dont la femme était Pierrette Alacoque, déjà nommée, mariée en secondes noces avec Jacques Laborier, notaire royal à Trambly, en 1640 et 1664, comme il a été dit précédemment, page 44.

3° M. Pierre Alacoque, fils de N. Alacoque, de Verosvres, et de Pierrette Auduc, mariée en secondes noces à Nicolas Morin, de Suin, comme il a été dit page 45, a été vicaire de Suin, selon les registres de cette paroisse, du 30 juin 1699 au 14 décembre 1705.

4° M. Jean-Baptiste Alavillette, né à Verosvres le 23 janvier 1687, d'Antoine Alavillette et de Barbe Mathoux, selon les registres de Verosvres, était curé de Vareilles-en-Brionnais en 1753, suivant un acte du 26 février 1753.

5° M. Jacques Cottin, des Sertines, paroisse de Verosvres, qui, selon le registre paroissial de Verosvres du 6 octobre 1727, était étudiant en théologie, est peut-être le même qui, en 1792 et 1804, était curé de la paroisse de Viry près de Charolles.

6° M. Nicolas Aublanc, dont parle le *Terrier du château du Terreau*, page 54 et 57, comme curé de Jansigny près de Dijon, et possédant des immeubles à Montot, paroisse de Verosvres, était probablement originaire de cette paroisse.

7° M. Antoine-Joseph Dagoneaud, né à Verosvres le 26 novembre 1703, de Jacques Dagoneaud et de Gilberte Alavillette, déjà nommée page 16, comme parente des Alacoque, signe comme abbé dans le contrat de mariage de sa sœur Antoinette Dagoneaud et de Jacques Leschères, de Meulin, du 18 janvier 1727.

8° M. Claude-Henri Aublanc, déjà mentionné, figure dans le registre de Verosvres du 27 mars 1748, comme prêtre résidant au hameau des Pierres, paroisse de Verosvres.

9° M. Antoine Audin, de Montot, paroisse de Verosvres, est cité comme sous-diacre dans le registre de Verosvres de 1762.

10° M. N. Aufranc est mentionné comme diacre dans l'acte mortuaire de sa sœur, Jeanne Aufranc, femme de Louis Alacoque, en date du 28 février 1768.

11° M. Benoît Guilloux, des Sertines, paroisse de Verosvres, où existent encore plusieurs de ses parents, né à Verosvres en 1752, que les registres de cette paroisse en 1783 et 1791 mentionnent comme archiprêtre de Palinges où il est décédé en 1827.

12° M. Claude-Marie Decrozand, né à Verosvres en 1806, prêtre en 1835 et curé d'Ozolles depuis 1849.

13° M. Etienne Lapalus, dont le père est originaire de Dompierre-les-Ormes, est né en 1820, prêtre en 1844, vicaire de Digoin en 1844 et archiprêtre de Digoin depuis 1862.

14° Pierre Lapalus, frère du précédent, né en 1827, prêtre en 1854, et curé de Montmelard depuis 1875.

15° M. Claude Lagé, né en 1829, prêtre en 1854, curé du Bois-Sainte-Marie depuis 1871.

XXXI

PROPRIÉTAIRES DE LA MAISON BOURGEOISE DU HAMEAU DES JANOTS.

1° Le plus ancien propriétaire connu de cette maison, est, comme il a été exposé à la page 14, ligne 34, Pierre de Laroche de Hautecourt, mentionné dans un acte latin du 10 mai 1509. Il était probablement parent : 1° de Guillaume de Laroche, encore nommé Guy de Ruppe, curé de Dompierre-les-Ormes en 1492, selon la *Notice* précitée *sur Dompierre-les-Ormes*, page 60 ; 2° d'Antoine de Laroche, encore nommé Archambaud de Rochette, aussi curé de Dompierre-les-Ormes en 1499, selon la susdite notice, page 60. Il est à présumer que le hameau de Laroche, paroisse de Dompierre-les-Ormes, tire son nom de cette ancienne famille qui était peut-être parente, soit de Jean de Laroche qui, en 1374, était seigneur de Brandon, paroisse de Saint-Pierre-de-Varennes, canton de Couches, et qui était marié à Jeanne de Damas, dame de Coulanges ou Collange, paroisse de Vendenesse-lès-Charolles et du châtelet de Brandon, soit de Philippe de Laroche, en faveur de qui Philippe le Hardi érigea la terre de Brandon en baronnie, le 7 janvier 1376, selon la généalogie précitée de la maison de Damas, page 122.

2° Claude de Laroche, fils ou petit-fils de Pierre de Laroche, et époux de Benoite N. qui est mentionnée comme marraine dans les registres de Verosvres du 27 mars 1615, du 20 septembre 1619 et du 18 décembre 1622, ainsi qu'il a été rapporté précédemment, page 14, ligne 34.

3° Jeanne de Laroche, fille de Claude de Laroche et de Benoite N., et femme de Claude Alacoque.

4° Autre Claude Alacoque, fils de Jeanne de Laroche et de Claude Alacoque, et mari de Philiberte Lamyn.

5° Jean-Chrysostome Alacoque, fils de Claude Alacoque et de Philiberte Lamyn, et époux en secondes noces d'Etiennette Mazuyer.

6° Claude-Madeleine Alacoque, fille de Jean-Chrysostome Alacoque et d'Etiennette Mazuyer, et femme de Jean Lambert, marchand à Vendenesse-lès-Charolles, ensuite bourgeois de la ville de Charolles.

7° Etiennette Lambert, fille de Jean Lambert et de Claude-Madeleine Alacoque, et femme de Claude Aubery, notaire à Charolles, déjà nommé.

8° Madeleine Aubery, fille d'Etiennette Lambert et de Claude Aubery, femme de Philibert de Gouvenain, qui sont les ancêtres de Mlle de Gouvenain, de Dijon, dont il a été parlé comme ayant fait ériger la chapelle du hameau des Janots, et qui a donné ses propriétés, situées à Verosvres, à ses deux nièces de Paray-le-Monial, Mlles de Finance, dont l'une a la jouissance et l'autre la propriété.

XXXII

CHATEAU DU HAMEAU DES PIERRES.

Outre la chapelle mentionnée n° 25, page 55, il y avait encore au hameau des Pierres, paroisse de Verosvres, un château seigneurial, dont a été aumônier M. Claude Dargaud, selon l'acte précité du 5 avril 1674, et dont il est fait mention dans le *Terrier du château du Terreau*, page 64, verso, article 28. Ce château est complétement détruit à l'exception d'une tour qui est située à quelque distance des bâtiments à fourrage. La seigneurie de ce château avait une justice ordinaire composée d'un juge, d'un procureur d'office et d'un greffier. Selon les registres de catholicité de Verosvres du 27 mai 1668 et du 8 janvier 1674, M. Benoît Bonnin était procureur d'office de la seigneurie du château des Pierres.

XXXIII

1° Moïse Droin est le plus ancien propriétaire du château du hameau des Pierres dont il est parlé dans les registres paroissiaux de Verosvres, à savoir : 1° dans l'acte du 6 janvier 1612, où il est dit que sa femme était noble Etiennette de Pignon, probablement parente d'Antoinette de Pignon, femme de M. de Montagny, et mentionnée dans l'acte du 3 mars 1613; 2° dans le registre baptistaire du 24 août 1613, où il est qualifié noble Moïse Droin, seigneur des Pierres. Il est probable qu'il était parent, soit de Jean Droin, seigneur des Brosses, qui figure comme parrain dans l'acte du 14 avril 1650, soit de Pierre Droin qui figure aussi comme parrain dans le registre du 5 juillet 1651.

2° Philibert Droin, à qui le registre de Verosvres du 5 septembre 1655 donne de multiples qualifications, en disant qu'il est noble, puis seigneur des Pierres et de Drompvent, enfin conseiller du roi en ses conseils d'état et privé, lieutenant-général civil et criminel, enquêteur, commissaire examinateur pour Sa Majesté au bailliage du Charollais et président des états du pays. Sa femme était Élisabeth Auclerc, selon l'acte baptistaire des registres de Verosvres du 10 juillet 1656.

3° Louis Droin, né en 1625, que les actes des registres de Verosvres du 31 octobre 1627 et du 17 septembre 1651 qualifient noble et fils de noble Philibert Droin, que le registre du 22 décembre 1652 déclare seigneur des Landes, et celui du 5 mars 1678, seigneur des Pierres, d'Igé et de Villorbaine et lieutenant-général au bailliage du Charollais. Il a été enterré dans la chapelle du prieuré de Drompvent, paroisse de Verosvres, le 15 février 1697, âgé de 72 ans. Sa femme était Philiberte de Lamartine, née en 1624, mentionnée dans les actes paroissiaux de Verosvres du 5 septembre 1655, et du 14 août 1683, et inhumée le 4 février 1689, dans la susdite chapelle du prieuré de Drompvent. De leur mariage sont issus : 1° Philibert Droin, né le 5 septembre 1655 et dont le parrain a été noble Philibert Droin, son grand-père, dont il vient d'être parlé ; 2° Claude-Elisabeth Droin, née le 10 juillet 1656, et mariée le 26 juillet 1680, à Pierre de la Souche, âgé de 30 ans, chevalier, seigneur de Crary, paroisse d'Ozolles, en présence de M. François Fénérot, curé d'Ozolles, archiprêtre du Bois-Sainte-Marie, et de M. Jean Grandjean, avocat en parlement, demeurant à Charolles ; 3° Anne Droin, qui est mentionnée comme marraine dans les registres de Verosvres du 1 février 1678 et du 10 décembre 1683, et dans ceux du Bois-Sainte-Marie de l'an 1703 ; c'est probablement la même qui, sous le nom d'Anne-Marie Droin, figure comme marraine dans l'acte du 3 janvier 1687 ; 4° Michel Droin, né en 1662, mentionné comme parrain dans les actes du 16 août 1680 et du 25 août 1683 et inhumé le 3 septembre 1686, âgé de 24 ans, dans la chapelle de Saint-Denis de l'église de Verosvres ; 5° Marie-Marguerite Droin, ondoyée dans la chapelle du château des Pierres et à qui les cérémonies du baptême ont été suppléées dans l'église de Verosvres le 5 mars 1690, plus d'un an après le décès de Philiberte de Lamartine, sa mère, figure comme marraine dans le registre du 1 avril 1701.

Le registre paroissial de Verosvres du 3 novembre 1688 mentionne comme parrain Jean-Christophe Droin, des Pierres, et comme marraine Marie de Naturel, fille de feu Charles de Naturel, seigneur de Valétine, paroisse de Colombier-en-Brionnais, du Pas, paroisse de Montmelard, et de Monnet, paroisse de Dompierre-les-Ormes. Le registre mortuaire dudit Jean-Christophe Droin, en date du 2 décembre 1688, le dit âgé de 26 ans, seigneur des Pierres, et inhumé dans l'église de Verosvres. S'il était fils de Louis Droin et Philiberte de Lamartine susnommés, il serait frère jumeau de Michel

Droin, né comme lui en 1662 et décédé deux ans avant lui,
comme il vient d'être exposé.

XXXIV

CHATEAU DU TERREAU.

L'ancien château du Terreau était situé sur le territoire
de la paroisse de Verosvres, et selon la feuille 16 du *Terrier*,
si souvent cité, consistait en une façade flanquée de deux
tours rondes et en deux ailes. Ces constructions dont on ignore
la date étaient entourées de fossés qui leur donnaient la dénomination de maison forte. Près de ces fossés existait une
maison bourgeoise, appelée par le *Terrier* pavillon, qui avait
été édifiée par Henriette-Brigitte de Martel, décédée en 1758,
veuve de Claude-Hyacinthe de Thibaud, seigneur du Terreau.
Les bâtiments à fourrage, les remises pour les carosses et les
litières, les écuries, les étables, les fourniers, les serres et les
deux petits cabinets entre lesquels se trouvait la chapelle déjà
mentionnée avaient été construits par M. Claude-Hyacinthe
de Thibaud, précité.

Le nouveau château du Terreau a été rebâti intégralement,
sauf une tour, sur l'emplacement de l'ancien, en 1787, suivant
la tradition du pays, par M. Claude-René de Thibaud, marquis
de la Rochethulon, neveu et héritier d'autre Claude-René de
Thibaud, marquis Després, avec les matériaux de l'ancien
château et ceux des autres bâtiments qui l'avoisinaient et qui
ont été reconstruits à neuf les années suivantes.

XXXV

PROPRIÉTAIRES DU CHATEAU DU TERREAU.

1° Selon le Dictionnaire de noblesse et M. l'abbé Cucherat,
dans son livre intitulé : *Saints pèlerinages de Paray-le-Monial,*

3° édition, in-18, page 38, ligne 15, était propriétaire de la seigneurie et du château du Terreau, vers la fin du quinzième siècle, une demoiselle de Lespinasse qui était probablement descendante de Rolet de Lespinasse à qui, en 1288, Renaud de Damas, seigneur de Cousan et de Lugny, fit cession d'un fief et d'un arrière-fief, situés à Dun-le-Roi, aujourd'hui Saint-Racho, et tenus par Geoffroy d'Anglure, chevalier, et était probablement parente soit de Catherine de Lespinasse, femme de Girard de Damas, seigneur de Bragny en 1368, et sœur d'Érard de Lespinasse, seigneur de Changy, soit de Marc, baron de Lespinasse, abbé de Saint-Rigaud, paroisse de Ligny, en 1557, soit enfin de Philibert de Lespinasse, écuyer, seigneur de Sivignon, paroisse de Suin, qui, en 1417, reçut du duc de Bourgogne l'investiture de la terre d'Essertines, ainsi que le tout est exprimé dans la *Généalogie de la maison de Damas*, déjà citée, pages 32, 49, 112, 120. Elle épousa Charles d'Andelot, second fils de Louis d'Andelot, seigneur de Pressia, de la Vernée et de Marmont, marié en 1450 avec Catherine de Mondragon, et elle n'en eut qu'une fille,

2° Charlotte d'Andelot qui épouse N. Le Roux, gentilhomme poitevin, à qui elle porta en dot la seigneurie du Terreau.

De ce mariage naquit entre autres enfants :

3° Raymond Le Roux, seigneur du Terreau, marié à Jeanne de Montregnard, dont il eut :

4° Pierre Le Roux, seigneur du Terreau, qui épousa une demoiselle de la maison de Mouchet, en Dauphiné. Dans les registres de catholicité de Verosvres du 15 février 1634, il est dit que noble Pierre Le Roux a été parrain de Claude Michel, fille de Louis Michel et de Louise Philippe, sans ajouter la qualification honorifique de seigneur du Terreau, ce qui fait présumer qu'il avait déjà transmis cette qualification à son parent et héritier,

5° Jean Le Roux, ainsi que d'ailleurs on peut légitimement l'inférer des registres baptistaires du 28 octobre 1626, du

11 avril 1628 et du 17 février 1630, dans lesquels il est qualifié seigneur du Terreau et mari de noble dame Claude-Couronne d'Apchon, dont il n'eut point d'enfant et qu'il laissa veuve et héritière de sa terre et de sa seigneurie du Terreau.

6° Claude-Couronne d'Apchon, précitée, dont la mère était sœur du maréchal Jacques d'Albon de Saint-André qui, en 1561, forma avec le connétable de Montmorency et le duc de Guise la ligue connue sous le nom de *Triumvirat* et qui, en 1562, fut tué à la bataille de Dreux, épouse en secondes noces Jean Arleloup, écuyer, gentilhomme ordinaire de la chambre du roi, qui, dans les registres paroissiaux de Verosvres du 30 avril 1640, du 25 novembre 1640 et du 11 octobre 1649, est qualifié écuyer, seigneur de Sainte-Péruse, et qui a été inhumé le 14 mai 1655 à l'église de Verosvres, dans la chapelle de la maison du Terreau, sept ans après le décès de Claude-Couronne d'Apchon, sa femme qui, le 24 février 1648, avait aussi été enterrée dans l'église de Verosvres, sous le banc de la chapelle Saint-Laurent. Ils eurent trois filles : 1° Philiberte Arleloup, mentionnée une seule fois dans les registres de Verosvres du 30 avril 1640, en qualité de marraine de Philiberte Lapalus ; 2° Jeanne-Françoise Arlcloup, dont il n'est fait mention que dans son acte baptistaire en date du 25 novembre 1640, déjà cité, où il est dit qu'elle a été baptisée dans la chapelle du Terreau, ce qui a servi à prouver l'existence de cette chapelle, et 3°

7° Gilberte Arleloup, de Sainte-Péruse, dame du Terreau, née en 1636, ainsi qu'on le déduit de son registre mortuaire du 27 avril 1669, où elle est dite âgée de 33 ans, mentionnée comme marraine dans les registres du 25 juin 1642, du 7 février 1643, du 3 avril 1647, du 19 novembre 1649, épouse, le 4 août 1654, Claude de Thibaud, chevalier, baron Després, seigneur des Ardillats, paroisse du canton de Beaujeu. Il était frère : 1° de Jean de Thibaud, prieur de Nosiel et chanoine de la cathédrale de Mâcon ; 2° de Pierre-Emmanuel de Thibaud, marquis de la Rochethulon, maître de camp des dragons, marié en 1680 avec Marie-Claude de Beaumanoir, dame de Beaudimant, près de la Tricherie, département de la Vienne, fille du marquis de Beaumanoir, gouverneur du Maine et du Perche, et de Marie de Neuchèze qui épousa en secondes noces Jussieu du Laurent, comte de Beauregard. Il importe de remarquer que cette dame, Marie de Neuchèze était de la famille de de Neuchèze, baron des Francs, qui avait épousé la sœur de sainte Chantal, fondatrice de la Visitation.

Claude de Thibaud, précité, était fils de Philibert de Thibaud, seigneur de Thulon, commandant de cent hommes d'armes, qui avait épousé, en 1621, Isabeau de Noblet-Després qui, par son testament du 30 octobre 1649, lui légua sa terre Després et ses autres propriétés, à la condition par lui et ses successeurs de porter le nom et les armes de Noblet-Després. Le registre mortuaire de Gilberte Arleloup du 27 avril 1669, précité, la désigne sous le nom de Madame Després et atteste qu'elle a été inhumée dans la chapelle du Terreau qui est dans l'église de Verosvres. Le registre mortuaire de Claude de Thibaud, du 28 août 1688, constate son décès à Vichy le 26 août 1688, et son inhuma- à Verosvres, dans la chapelle de Notre-Dame-de-Pitié, étant dans l'église dudit Verosvres et appartenant au seigneur du Terreau. Selon les registres de catholicité de Verosvres cor- roborés et expliqués par des notes de M. le marquis de la Rochethulon, député à l'Assemblée nationale de 1871, leurs enfants furent : 1° Elisabeth de Thibaud, née le 7 sep- tembre 1658, baptisée le 21 novembre 1660, mariée avec M. le comte d'Origny, comme on l'infère des actes baptistaires du 28 novembre 1703, où elle est déclarée femme de M. le comte d'Origny, et du 11 février 1709 où elle est qualifiée comtesse d'Origny ; 2° Claude-Hyacinthe de Thibaud, né le 26 août 1660, et dont il sera parlé ci-après. * 3° Antoinette de Thibaud, née le 15 janvier 1662 et baptisée le 15 février 1664 ; 4° Marie de Thibaud, née le 3 avril 1663 et baptisée le 9 sep- tembre 1664 ; 5° Philibert-Joseph de Thibaud, ondoyé à la chapelle du Terreau le 6 avril 1668, baptisé à l'église de

Verosvres le 26 octobre 1670, et tué à la bataille de Nerwinde.;
6° Jean de Thibaud, ondoyé à la chapelle du Terreau le
2 juin 1668 et baptisé, ainsi que son frère Philibert-Joseph de
Thibaud, à l'église de Verosvres le 26 octobre 1670, un an et
demi après le décès de leur mère, et marié à Verosvres le
7 janvier 1701, avec sa cousine germaine, Antoinette de Thibaud de la Rochethulon, dame de Beaudimant, fille unique de
Pierre-Emmanuel de Thibaud, marquis de la Rochethulon, et
de Marie-Claude de Beaumanoir, tous les deux déjà nommés,
et dont il eut cinq enfants : 1° Pierre de Thibaud de la Rochethulon, tué à la bataille de Parme, en 1734 ; 2° Jean-Baptiste
de Thibaud, né en 1715, appelé marquis de la Rochethulon,
lieutenant-colonel de Picardie, encore mentionné ci-après ;
3° N. de Thibaud de la Rochethulon, mariée avec La Martellière, comte du Fay ; 4° N. de Thibaud de la Rochethulon,
mariée avec un autre La Martellière ; 5° N. de Thibaud de la
Rochethulon, mariée au marquis de Montifaut, et remariée
en 1734 avec le marquis de Courtarvel de Pazzi. Elle eut deux
filles dont l'une épousa le marquis de Dreux-Brézé, et l'autre
le marquis d'Argonges, père de la princesse de Talmont.

   * 8° Claude-Hyacinthe de Thibaud, déjà nommé, né, comme
il a été dit, le 26 août 1660, baptisé le 21 novembre 1660,
appelé marquis Després, mentionné comme parrain dans le
registre de Verosvres du 10 octobre 1671, marié en 1699 avec
Henriette-Brigitte de Martel de la Malonnière, fille de N. de
Martel et de Henriette de Bouillé. Il est décédé avant le
27 juin 1724, date du registre matrimonial de Claudine de
Thibaud, qui est qualifiée fille de défunt Claude-Hyacinthe de
Thibaud, et sa femme, Henriette-Brigitte de Martel, née
en 1672, mentionnée dans le registre du 27 mars 1700 comme
marraine de Henriette-Brigitte de Salornay de Champerny,
dont a été parrain Marie-Nicolas de La Guiche, comte de Sivignon, paroisse de Suin, décédée à Verosvres le 12 mars 1758,
âgée de 86 ans, a été inhumée le surlendemain au caveau des
seigneurs de Verosvres, sous le clocher de l'église. Leurs

enfants ont été : 1° Claudine de Thibaud de Noblet-Després, citée comme marraine dans le registre du 21 juin 1714, et mariée le 27 juin 1724 précité, avec George-Melchior de Champier, chevalier, comte de Chigy, seigneur de Saint-André-le-Désert, de Moroges, en présence de Claude-Elisabeth, marquis de La Guiche, comte de Sivignon, et de Charles de Chardonnay, seigneur de Salornay; et 2°

9° Claude-René de Thibaud de Noblet, chevalier, seigneur du Terreau, de Chevagny-le-Lombard, de Thulon, du Mont-de-France et autres places, en faveur de qui les terres nobles des Prés et des Ardillats, situées en Beaujolais, furent érigées en marquisat, né en 1704, marié en 1736 avec Marie-Françoise-Ursule de Saulx de Tavanes, fille de M. de Saulx de Tavanes, gouverneur de la province de Bourgogne, et cité dans les registres de Verosvres du 21 janvier 1714, du 3 novembre 1752, du 21 octobre 1753 et du 4 avril 1754, mourut sans enfant, à Verosvres, le 15 février 1760, âgé de 56 ans, et y fut inhumé ; et sa femme susdénommée, née en 1718, mentionnée comme marraine dans les actes précités du 3 novembre 1752, du 21 octobre 1753 et du 4 avril 1754, est décédée à Verosvres le 28 septembre 1768, âgé de 50 ans, et y a été enterrée le lendemain.

Il faut remarquer que cet acte des registres de Verosvres est le dernier qui fasse mention de la famille des Thibaud de Noblet du Terreau. La biographie suivante des autres membres de cette famille n'est que la substance de quelques notes communiquées par M. le marquis de la Rochethulon.

10° Claude-René de la Rochethulon, neveu et seul héritier de Claude-René de Thibaud de Noblet qui précède, est né en 1749, troisième enfant de Jean-Baptiste de Thibaud déjà nommé, marquis de la Rochethulon, seigneur de Beaudimant, qui avait épousé, en 1736, Elisabeth-Isoré de Pleurmartin dont il eut trois enfants : 1° N. de la Rochethulon, mariée avec le comte de Tudort; 2° N. de la Rochethulon, qui épousa le marquis Beaupoil de Saint-Aulaire, frère et héritier de

Mgr Martial de Saint-Aulaire, évêque de Poitiers ; 3° et le susdit Claude-René de la Rochethulon qui reçut la qualification de marquis de la Rochethulon, seigneur de Beaudimant et de Mayet, du chef de son père, et celle de marquis Després, seigneur du Terreau, par héritage de son oncle. Après avoir été à l'École militaire et au régiment de Picardie dont son père avait été lieutenant-colonel, il entra dans la cavalerie où il fut capitaine au régiment de Bourbon. Il se distingua dans l'expédition des Indes, sous le marquis de Bussy, dont il devint chef d'état-major, et commandant une des ailes de l'armée française à la bataille de Gondelourd, où il prit trois drapeaux et reçut trois blessures, ce qui le fit nommer colonel et chevalier de Saint-Louis. Rentré en France, il fit, comme il a été dit, rebâtir le château du Terreau, et épousa, en 1788, Anne Courand de la Rochechevaux. Il fut nommé député suppléant de la noblesse du Beaujolais ; il passa plusieurs années en émigration et dans l'armée de Condé et revint en France où il mourut en 1824, maréchal de camp et député de la Vienne.

Son fils unique, Emmanuel-Philippe de Thibaud, marquis de la Rochethulon, officier supérieur des gardes du corps et gentilhomme honoraire de la chambre du roi Charles X, est décédé en 1871, laissant de sa femme, Marie-Olivie-Régine de Durfort-Civrac-de-Lorge, qu'il avait épousée en 1826, quatre enfants dont le second était une fille, Louise de la Rochethulon, morte en 1856, religieuse du Sacré-Cœur, et les autres, trois fils : 1° Emmanuel de la Rochethulon, marquis de la Rochethulon, député de la Vienne à l'Assemblée nationale de 1871, marié en premières noces avec Edith de Grente dont il a eu quatre enfants, et en secondes noces avec Marie de Comminges-Guitaud ; 2° Bernard de la Rochethulon, chef d'escadron du premier régiment des cuirassiers, marié en 1864 avec Marie de Ladoucette ; 3° Henri de la Rochethulon, marié en 1863 avec Yolande de Goulaine, et décédé au mois de novembre 1877.

Pendant l'émigration de Claude-René, marquis de la Roche-thulon, on confisqua et on vendit son château du Terreau et les neuf domaines, appelés granges, qui en dépendaient, à savoir : 1° au Terreau ; 2° à Verosvres ; 3° à Lhautecour ; 4° aux Champs ; 5° au Charne ; 6° à Lavaux ; 7° aux Chavannes ; 8° à Mont ; 9° et aux Bois, et un moulin au Terreau. Le premier acquéreur du château et des domaines du Terreau et de Verosvres fut M. Rouillier ; le deuxième, M. Jean-Baptiste-Laure, marquis de Sommyèvre, propriétaire du château de Corcheval, paroisse de Beaubery, qui, à son décès en 1836, le transmit à son second fils qui l'a vendu à M. Villars, ancien avocat et ancien maire de Mâcon, qui l'a fait restaurer tel qu'il subsiste maintenant.....

XXXVI

PROPRIÉTAIRES DU CHATEAU D'AUDOUR, PAROISSE DE DOMPIERRE-LES-ORMES.

Le château d'Audour est situé sur le territoire de la paroisse de Dompierre-les-Ormes et au hameau d'Audour, où sont nés les ancêtres paternels de la bienheureuse Marguerite-Marie Alacoque et où elle a quelquefois séjourné chez ses parents dans une maison qui leur appartenait et qui est occupée par le garde du château. Le premier château d'Audour a été construit dans le treizième siècle par M. de Ris ; le deuxième vers 1458 par M. Guy de Fautrières, et le troisième en 1775 par M. Claude-Mathieu comte de Damas, tous les trois seigneurs d'Audour.

Voici, selon le Dictionnaire de noblesse et la *Notice imprimée sur Dompierre-les-Ormes*, page 106, la nomenclature chronologique des propriétaires du château d'Audour, dont quelques-uns ont déjà été mentionnés précédemment.

1° Le plus ancien propriétaire connu du château d'Audour est M. de Ris déjà nommé, qui vivait au treizième siècle.

2º Mathieu de Ris, fils ou petit-fils du précédent, mentionné en 1388 et 1393, épousa Marguerite de Droument ou de Domento dont il eut : 1º Jeanne de Ris, mariée à messire de Dronnat, et 2º

3º Huguette de Ris, mariée à Jean de Fautrières selon l'acte précité de 1388, dont elle eut : 1º Claude de Fautrières, probablement marié avec Agnès de Drompvent qui, selon un acte de 1568, est dite veuve de Claude de Fautrières, et 2º

4º Pierre de Fautrières dont la femme était Joseph Pasquier mentionnée dans un acte du 16 février 1451, dont il eut : 1º Huguette de Fautrières, et 2º

5º Guillaume de Fautrières, encore appelé Guy de Fautrières, qui fit construire le deuxième château et la chapelle d'Audour vers l'an 1458, mentionné dans un acte du 16 juin 1458, qui a été marié le 31 décembre 1430 avec Alix de Villeneuve dont il eut deux fils, Mathieu et Philibert de Fautrières, tous les deux qualifiés seigneurs d'Audour dans un acte du 6 février 1481.

6º Mathieu ou Marcelin de Fautrières déjà nommé, marié en 1499 avec Louise de Lhopital dont il eut : 1º Georgette de Fautrières, mariée en premières noces à Jean de Montchanin, juge au Bois-Sainte-Marie, et en secondes noces avec Antoine du Verdier de la Motte-Saint-Jean, et 2º

7º Gaspard de Fautrières qui, selon contrat du 24 janvier 1541, épousa Marie de Lacour, fille de Christophe de Lacour, seigneur de Molin, dont il eut : 1º Philibert de Fautrières qui suit ; 2º Guy de Fautrières qui vient ensuite.

8º Philibert de Fautrières, maréchal des armées du roi, marié le 30 août 1573 avec Antoinette de Foudras, veuve de Pierre de Lestoux, seigneur de Pradine, et fille de Jean de Foudras, seigneur de Châteautier, paroisse de Matour, et de Jeanne de Traves-Chocieux.

9º Guy de Fautrières, second du nom, déjà nommé, second fils de Gaspard de Fautrières et de Marie de Lacour, selon son testament du 16 août 1579, épousa le 27 août 1586 Georgette de Salornay, dame de Salornay, fille de Jean de Salornay, seigneur de Salornay, et de Georgette de la Porte, et dont il eut : 1° Claude de Fautrières, seigneur de Corcheval, paroisse de Beaubery ; 2° François de Fautrières.

10° Jacqueline de Fautrières, qualifiée dans un acte du 31 octobre 1607, fille et héritière de Philibert de Fautrières précité, épousa, le 13 décembre 1590, Jean de Lestoux, seigneur de Pradine, baron de Cyrot, dont elle eut entre autres enfants : 1° Françoise de Lestoux, mariée avec Hugues de Lacour, seigneur de Molin, et 2°

11° Pierre de Lestoux, marié, selon contrat du 7 septembre 1641 à Jeanne d'Austrein, fille de Pierre d'Austrein, seigneur de Jarnosse, second président au parlement des Dombes, et d'Annonciade de Gayant, et veuve de Christophe de Damas II, seigneur de Barnay et de Verpré, paroisse de Tancon, qu'elle avait épousé le 25 janvier 1619 et dont elle avait eu trois fils ; 1° Renaud de Damas ; 2° Claude-Hippolyte de Damas, dont il sera parlé ci-après ; 3° et Pierre de Damas, leur héritier universel.

12° Jeanne de Lestoux, probablement fille ou de Pierre Lestoux et de Jeanne d'Austrein, ou de Jean de Lestoux et de Jacqueline de Fautrières, était femme d'Alexandre de Villaine, selon des actes des 24 et 26 septembre 1654 et du 20 décembre 1664, qui le qualifient seigneur de Roncenay et de la terre noble d'Audour, dont un quart fut attribué à ladite Jeanne de Lestoux et le surplus à Jeanne d'Austrein, femme en secondes noces de Pierre Lestoux précité.

13° Claude-Hippolyte de Damas, fils de Christophe de Damas et de Jeanne d'Austrein, ainsi qu'il vient d'être dit, baptisé le 23 août 1622, marié le 22 décembre 1664 avec Étiennette Bergier, fille de Nicolas Bergier, seigneur de Chevraye, conseiller en la sénéchaussée de Moulins, et de Marie Feydeau, est décédé le 7 décembre 1707, à Audour, dont il était devenu seigneur par acquêt du quart de son parent François de Damas, seigneur de Valleraux, et du surplus de son frère Pierre de Damas. Ils eurent plusieurs fils et filles dont cinq religieuses, et entre autres Renaud de Damas, marié avec Marie-Anne Septurier, et

14° Jean-Eléonore de Damas, né en 1682, marié, selon contrat du 13 février 1705, avec Claude Berthelot de Rambuteau, fille de Philibert Berthelot d'Ozenay, seigneur de Rambuteau, d'Ecusse, de Quierre, de Chassagne, lieutenant du gouverneur de Mâcon, et décédé en 1741, et dont les enfants ont été principalement : Marie de Damas d'Audour, mariée, selon contrat du 5 septembre 1735, avec Léonore de Reclaine, marquis de Digoine, paroisse de Palinges, et

15° Claude-Mathieu comte de Damas d'Audour, né en 1709, marié le 21 juillet 1749 avec Marie-Roseline d'Arcy, fille unique d'Antoine-Joseph d'Arcy, comte de la Varenne, seigneur de Coutouvre et de Poncié, et de Claudine-Thérèse de Villeneuve de Vence, et décédé maréchal de camp, le 26 novembre 1791, à Dompierre-les-Ormes, après avoir, en 1775, fait reconstruire le troisième château d'Audour. Leurs enfants ont été : 1° Claudine-Alexandrine de Damas, mariée au marquis de Mailly, seigneur de Château-Renaud ; 2° Marie-Thérèse de Damas, mariée le 24 septembre 1769 à M. Marc-Jean de Tenay, marquis de Saint-Christophe-en-Brionnais, seigneur de Briant et de Montmegin, près de Semur-en-Brionnais, et 3°

16° Thérèse-Roseline-Claudine de Damas d'Audour, née à Coutouvre le 24 septembre 1751, mariée le 13 août 1769 à Charles-François-Marie-Joseph comte de Dortan, fils de Charles-Marc-Antoine-Joseph comte de Dortan et de Marie-Célestine-Philippine-Joséphine de Marmier, et décédée à Audour le 6 avril 1823, et son mari était mort en 1799. Leur unique enfant a été

17° Roseline-Félicité-Mélanie de Dortan, née le 6 mars 1776, mariée le 25 juin 1799 avec Louis-Nicolas-Philippe-Auguste comte de Forbin-la-Barben, né le 19 août 1777 de M. Gaspard-Anne-François de Forbin, seigneur de la Barben, et de

Marthe de Milau, et mort à Paris le 23 février 1841. Sa femme, décédée à Lyon le 5 juillet 1825 et inhumée au cimetière de Loyasse, en a été exhumée et transférée, le 18 octobre 1865, au cimetière de Dompierre-les-Ormes. L'aînée de leur fille, Roseline de Forbin, née à Dompierre-les-Ormes, le 4 mai 1800, a épousé M. Pinelli, d'une noble famille de Gênes en Italie, et la plus jeune, leur principale héritière est

18° Thérèse-Joséphine-Céline de Forbin-la-Barben, née à Lyon le 28 décembre 1804, qui a épousé à Paris, le 1ᵉʳ juin 1824, Marie-Louis-Jean-Charles-André Martin du Tyrac, comte de Marcellus, ministre plénipotentiaire, officier de la Légion d'honneur, né le 19 janvier 1794 d'Auguste du Tyrac, comte de Marcellus, député et pair de France, et de Sophie-Madeleine de Piis, et décédé à Paris le 29 avril 1861.

La comtesse de Marcellus n'ayant pas d'enfant a institué, en 1871, pour son héritier principal, son petit-neveu

19° Roger de Gaufridy de Dortan, chevalier de la Légion d'honneur, capitaine au 73° de ligne, né à Apt en 1843 de François de Gaufridy, d'une ancienne famille de Provence, et de Roseline-Mélanie Pinelli, qui a épousé le 4 décembre 1871 Adélaïde de Verdonnet, née le 25 juillet 1853 de M. Adrien-Charles-Henri-Adéodat comte de Verdonnet, au château de Poncié, paroisse de Fleurie, en Beaujolais, originaire de l'Auvergne, dont la mère était de la maison de Salignac de Lamothe qui a produit Fénelon, archevêque de Cambrai, et d'Adélaïde-Mathilde de Symonet, d'une ancienne famille originaire de Paris.

XXXVIJ

PROPRIÉTAIRES DU CHATEAU DE CORCHEVAL, PAROISSE DE BEAUBERY.

Le château de Corcheval, encore nommé Corchevay et Courcheval, situé sur la paroisse de Beaubery, construit dans

des temps déjà anciens, probablement par Hugues de Fautrières qui en fut le premier seigneur connu, détruit, sauf
l'aile du côté du matin, par l'amiral de Coligny en 1569, selon
l'Annuaire de Saône-et-Loire, année 1839, a été restauré, comme
le dit M. Bougaud, ouvrage cité page 37, ligne 10, sous le
règne de Louis XIII, tel qu'il subsiste encore. Ce château est
devenu célèbre, ainsi que sa chapelle, par le séjour de la bienheureuse Marguerite-Marie Alacoque pendant trois ans et demi,
à partir du mois de janvier 1652.

Voici, suivant le Dictionnaire de noblesse et les notes fournies par M. le marquis de Sommyèvre, la nomenclature des
propriétaires de ce château :

1° Hugues de Fautrières, déjà nommé, de la maison de
Fautrières, qui a donné son nom à Fautrières, autrefois
paroisse, réunie en 1823 à Palinges, était arrière-petit-fils
d'Anselme de Fautrières, mentionné en 1060, comme mari
d'Elisabeth de Brancion, dite de Luzy, et père de Marie de
Fautrières, une des premières religieuses du monastère noble
de Marcigny. Il était petit-fils de Girard de Fautrières qui
avait épousé Alix de Semur, nièce de saint Hugues, abbé de
Cluny. Et il était fils de Guy de Fautrières, chevalier, marié
en 1150 à Huguette de Vergy, de la maison des anciens rois
de Bourgogne. Hugues de Fautrières, qualifié chevalier, seigneur de Fautrières et de Corcheval, marié en 1230 avec Agnès
de Chatillon, fille d'Hugues de Chatillon, comte de Saint-Paul,
seigneur de Blois, dont il eut Hugues qui suit et Henri de
Fautrières, abbé de Cluny en 1308, évêque de Saint-Flour en
1319, cardinal, et décédé en 1327. On conserve à Saint-Flour
deux beaux chandeliers qu'il a donnés ;

2° Hugues de Fautrières II du nom, chevalier, maréchal de
bataille, marié en 1300 à Marie de Courtenay, fille de Pierre
de Courtenay, seigneur de Champignolle, et de Marguerite de
Saint-Vallerin, dont il eut entre autres enfants,

3° Henri de Fautrières, qui, en 1338, épousa Philiberte de
Lugny, fille de Josserand de Lugny-en-Mâconnais et de Mar-

guerite de Pisey, dont il eut : 1° Hugues qui suit ; 2° Erard ; 3° Litaud ou Liothaud, rapporté ci-après ;

4° Hugues de Fautrières III° du nom, marié à Jeanne de Damas, fille d'Erard de Damas, seigneur de Marcilly, vicomte de Chalon-sur-Saône, et d'Isabelle d'Avenières, dame d'Anlezy, dont il n'eut point d'enfant ;

5° Litaud ou Liothaud de Fautrières déjà nommé, chevalier, seigneur de Petitbois, marié le 23 février 1377 à Marguerite de Saint-Privé ou Privat, fille de noble Guillaume de Saint-Privé et de Marguerite de N. dont il eut :

6° Philibert de Fautrières, seigneur de Petitbois, marié le 30 décembre avec Alix de Chevretonne, dont il eut Guillaume de Fautrières qui suit :

7° Guillaume ou Guy de Fautrières, fils de Philibert de Fautrières et d'Alix de Chevretonne, selon les archives du château de Corcheval, ou fils de Pierre de Fautrières et de Joseph Pasquier, suivant les archives du château d'Audour : difficulté qu'on peut concilier en disant qu'il était fils adoptif et héritier ou de Pierre de Fautrières, ou plus probablement de Philibert de Fautrières. Il est qualifié chevalier, seigneur d'Audour, paroisse de Dompierre-les-Ormes, et de Pressy-sous-Dondin, marié le 31 décembre 1430 avec Alix de Villeneuve, fille de noble Jean de Villeneuve dont il eut Mathieu de Fautrières qui suit, et Jeanne de Fautrières, mariée au baron de Cirot ;

8° Mathieu ou Marcelin de Fautrières, chevalier, seigneur d'Audour, différent d'autre Mathieu de Fautrières, marié avec Jeanne d'Urfé qui, en l'absence de son mari, fit hommage à Philippe-le-Hardi, duc de Bourgogne, qui venait d'acheter le comté du Charollais, de toutes ses terres, à l'exception de la tour carrée de Courcheval qu'elle ne tient que de Dieu et de son mari. Il est certain que le samedi avant le deuxième dimanche après Pâques 1499, il épousa Louise de Lhopital, fille d'Huguenin de Lhopital, chevalier, dont il eut :

9° Gaspard de Fautrières, seigneur d'Audour, déjà rapporté page 79... 7°

10° Philibert de Fautrières II° du nom, seigneur d'Audour, aussi rapporté page 79... 8°

11° Guy de Fautrières II° du nom, seigneur d'Audour, pareillement rapporté page 79... 9°

12° Claude de Fautrières, chevalier, seigneur de Corcheval, paroisse de Beaubery, où il a été baptisé, capitaine de cent hommes de pied, élu neuf ans consécutifs de la noblesse du Charollais, marié, selon contrat passé devant Narbor, notaire royal à Saint-Gengoux-le-Royal, le 19 août 1627, avec Marguerite de Saint-Amour, fille de Jacques de Saint-Amour, chevalier, seigneur de Foncrenne, de Villiers, et de Béraude de Drée. Il en eut : 1° Claude de Fautrières qui suit ; 2° Pierre de Fautrières ; 3° François de Fautrières ; 4° Thibaud de Fautrières, tous les trois tués au service militaire. Marguerite de Saint-Amour, qui avait épousé en secondes noces Jean de Chapon de la Bouthière ci-après mentionné, est décédée le 9 décembre 1679. Elle a été marraine de Marguerite-Marie Alacoque.

13° Claude de Fautrières, second du nom, chevalier, seigneur de Corcheval, paroisse de Beaubery, où il est né le 19 avril 1629, capitaine, plusieurs fois élu de la noblesse du Charollais, marié, selon contrat du 4 septembre 1656, avec Elisabeth de Chapon de la Bouthière, fille de Jean de Chapon, précité, chevalier, seigneur de la Bouthière, capitaine de cinquante hommes d'armes, gouverneur de Belleville, et d'Angélique de Saint-Julien Baijard, dont il déclare, dans son codicille du 9 octobre 1674, avoir eu treize enfants, entre autres : 1° Claude-Marie de Fautrières qui suit, et sept autres fils tous dénommés au Dictionnaire de noblesse et tués au service militaire.

14° Claude-Marie de Fautrières, chevalier, seigneur de Corcheval, de Quière, de Laroche, de Sailly, de Saint-Julien, baron d'Alognie, lieutenant au comté du Charollais, capitaine en 1689, aide de camp, alcade de la noblesse de Bourgogne, commissaire-rapporteur aux Etats généraux, élu de la noblesse du Charollais et du Mâconnais, gouverneur de la ville de Charolles, créé comte de Fautrières par lettres enregistrées au parlement de Dijon, épousa, selon contrat passé devant Balland, notaire à Sailly, le 19 janvier 1692, Elisabeth de Perreault, dame de Sailly, de la Bouchardière et de Montrevaux, dont il eut Michel de Fautrières qui suit et Charlotte de Fautrières, mariée le 28 décembre 1715 avec Jacques de Valadoux, marquis de Valadoux, et seigneur d'Arcy et de Montmorillon.

15° Michel comte de Fautrières, chevalier, seigneur de Beaubery, de Corcheval, d'Artus, de Quière, de Sailly, de Chercilly, de Maurgard, de Lamotte, de Chériset, lieutenant au bailliage du Charollais, capitaine de cavalerie, marié le 4 septembre 1724 à Laure-Anne de la Tour et Taxis, fille de Pierre de Taxis et d'Antoinette de Jacob. Il est décédé à Lyon le 13 novembre 1771 et a été inhumé dans l'église d'Ainay. Leurs enfants furent : 1° Louis-Marie de Fautrières qui suit; 2° Hélène-Esprit de Fautrières, mariée le 13 février 1749 à Jean-François comte de Laurencin, seigneur d'Avenas; 3° Catherine-Louise de Fautrières, mariée le 21 août 1748, avec Jean-Augustin marquis de Sommyèvre, seigneur d'Ampilly, neveu du cardinal de Choiseuil, archevêque de Besançon, et de N. de Choiseuil, mort évêque et comte de Châlons en Champagne.

16° Louis-Marie, comte de Fautrières, né à Beaubery le 2 mai 1733, capitaine de cavalerie, décoré de la croix de Saint-Louis pour ses faits d'armes contre les Prussiens à la bataille de Rosbac en 1757, marié en premières noces, selon contrat passé devant Mivière et Dechatelus, notaires à Roanne, avec Jeanne-Marie Courtin de Rilly qui lui apporta en dot la terre de Rilly-en-Forez et qui était fille de Jean-François de Courtin, seigneur de Rierge, et de Marie-Claire de Giry, et dont il eut Jean-Louis de Fautrières qui suit. Il épousa en secondes noces Gabrielle d'Allard dont il n'eut point d'enfant.

17° Jean-Louis de Fautrières, comte de Fautrières, né le

28 septembre 1771 et baptisé dans l'église de Rierge où il eut pour parrain messire de Courtin et pour marraine la marquise de Sommyèvre. Il est décédé célibataire le 11 juillet 1792 à Roanne où il a été inhumé.

18° Jean-Baptiste-Laure de Sommyèvre, marquis de Sommyèvre, cousin et héritier de Jean-Louis de Fautrières qui précède, et neveu de Louis-Marie de Fautrières, comme fils de Jean-Augustin de Sommyèvre, marquis de Sommyèvre, et de Catherine-Louise de Fautrières, tous les deux déjà nommés, épousa Anne-Albertine-Josèphe-Amélie de Stappens dont il eut : 1° Gaspard-Auguste-Joseph marquis de Sommyèvre, qui suit ; 2° Charles-François-Adrien de Sommyèvre, marquis de Sommyèvre, qui hérita du château du Terreau que son père avait acheté et qu'il a vendu à M. Villars, ainsi qu'il a été dit précédemment.

19° Gaspard-Auguste-Joseph de Sommyèvre, marquis de Sommyèvre, déjà nommé, héritier du château de Corcheval au décès de son père, le 3 décembre 1836, a doté Beaubery, sa paroisse, d'une grande église ogivale, de deux maisons d'école gratuite, l'une pour les garçons, l'autre pour les filles, et d'un capital de 30,000 fr. pour les malades secourus à domicile ou à l'hôpital de Charolles. Il est décédé célibataire à Beaubery le 1er septembre 1862, après avoir depuis quelque temps institué pour son héritier universel son neveu qui suit.

20° Constant-Joseph-Edmond de Sommyèvre, marquis de Sommyèvre, fils de Charles-François-Adrien de Sommyèvre précité, et de Charlotte d'Aiguirande, fille d'Alexandre-Ferdinand-Amant-Constant marquis d'Aiguirande, et de Joséphine de Vicq, a épousé Marie-Josèphe-Hélène Chapelle de Jumilhac, fille de Jules-Marie Chapelle, comte de Jumilhac et d'Elisabeth-Marie Leforestier d'Osseville.

XXXVIII

CONTRAT DE MARIAGE DE CHRYSOSTOME ALACOQUE
ET D'ANGÉLIQUE AUMONIER.

A tout présent et advenir sçavoir faisons que par devant
Moïse Bonnetain, notaire tabellion royal, garde notte héréditaire au bailliage du Mâconnais, résidant à Trevy, soubsigné,
et présence des témoins sous-nommés, établies en leurs personnes, dame Philiberte Lamyn, veuve de feu maître Claude
Alacoque, vivant notaire royal de la paroisse de Verosvres, et
de son authorité sur ce deüement presté, sieur Chrisostome
Alacoque, son fils et dudit deffunt d'une part ; et sieur Moïse
Aumonier, sieur de Chalanforge, en la paroisse de Trevy, et de
son authorité sur ce deüement presté, damoiselle Huguette de
Chapon de la Bouthière, sa femme, et de leurs authorités sur
ce deüement presté, damoiselle Angélique Aumonier, leur
fille, tous au diocèse d'Autun, d'autre part ; lesdittes parties
sachantes et bien advisées, de gré et volonté ont fait et font
entre elles et par ensembles les promesses de mariage, constitutions de dotte, donations, associations et autres parts et conventions matrimoniales suivants :

A sçavoir que lesdits sieur Chrisostome Alacoque et damoiselle Angélique Aumonier, procédant en cette part des authorités que dit est, mesme de l'avis et conseille de plusieurs
autres leurs parents, voisins et amis cy-présents par assemblée
et en fin de cette nommés, ont promis et promettent eux
prendre et épouser l'un et l'autre à mary et femme, loyaux
époux et épouse advenir, et pour cet effect, eux ensemblement
se présenter en face de notre mère sainte Eglise pour y recevoir la bénédiction nuptiale dans le temps deüe et sur ce
ordonné de droit, disant et affirmant lesdittes parties n'avoir
fait nulles promesses n'y autres choses par le passé, n'y moins

faire à l'advenir qui puisse empescher l'effect et accomplissement du présent mariage.

En faveur duquel futur mariage, ledit sieur Chrisostome Alacoque, comme maître de ses droits, s'est constitué et constitue en dotte et mariage tous et un chacun ses biens, meubles et immeubles, noms, droits, raisons et actions présent et advenir quelconque. Continuant en mesme faveur que dessus, laditte dame Philiberte Lamyn, en considération des bons et agréables services qu'elle a reçue cy-devant et espère recevoir cy-après dudit sieur Chrisostome Alacoque, son fils futur époux, de la preuve desquels elle l'a relevé et relève par cette, luy a donné et donne par donnation pure, mure et irrévocable faite entre-vif et à cause de nopce, à sçavoir tous et un chacun ses biens meubles et immeubles, noms, droits, raisons et actions présent et advenir quelconques, sans excepter que le cas arrive qu'il luy échaiye quelque hoirie qu'elle n'en pourra disposer ainsy comme bon luy semblera, pour et mesmes le getail en quoy est obligé contre Malatier granger du domaine, chargé des dettes et affaires deües sur y celluy ensiennes seigneuriales et fonsières généralement quelconques, et outre ce, de payer à damoiselle Marguerite et Jacques Alacoque ses fils et fille et à chacun d'eux la somme de cinq cents livres qu'elle veut et entend leur estre payée lorsqu'ils trouveront leur partys en loyal mariage, ou qu'ils auront attaint l'âge de majorité, et en outre, sera teneu de faire étudier ledit Jacques et le faire parvenir à l'ordre de prestrise à ses frais, au cas que ledit Jacques en veuille estre pourveu, et encor, à condition de la nourrir et entretenir, sa vie naturelle durant, suivant sa condition, avec une servante en sa maison, et au cas qu'elle veuille s'en retirer lui demeure la libre jouissance, aussy pendant sa vie, du domaine de la maison garni des bestiaux conformément qu'ils sont de présent et tout le getail en quoy est obligé Malatier, granger dudit domaine, ensemble de sa chambre garnie avec le jardin en dépandant, et outre ce, annuellement la somme de cinquante livres de pansion qui lui sera payée en deux termes, par année, sçavoir la moitié au jour et feste Nativïté saint Jean-Baptiste et l'autre moitié au jour et feste Nativïté de Notre-Seigneur, et de plus se réserve laditte damoiselle donatrisse la somme de mille livres pour en disposer en dernière volonté, moyennant quoy et en considération des réserves et pensions cy-dessus, cette, et à elle faitte par feu maître Claude-Philibert Alacoque, et autres demeurent étaintes et comprises en la généralité sus donné ; les susdits légats sus faits aux sus nommés, damoiselle Marguerite et Jacques Alacoque, pour tous droits de légitime qu'ils pourroient avoir et prétendre aux biens, hoiries et succession de laditte donatrisse laquelle s'est desvestue et devest desdits biens susdonnés et d'iceux en a investeu et invest ledit sieur futur époux et les siens, a mis et mest en bonne possession, jouissance et saisine, par les présentes avec les constitutions et confessions du nom de prétoire pur et simple constitué.

Item , plus en mesme faveur que dessus, lesdits sieur mariés Moïse Aumônier et de Chapon de la Boutière, et sieur Guillaume Aumonier leur fils, aussy sieur dudit lieu de Chalanforge, ont constitué et constituent en dotte et mariage à la ditte damoiselle Angélique Aumonier, future épouse, présente, stipulante et acceptante, de l'authorité de son dit futur époux, à sçavoir, la somme de deux mille cinq cents livres, avec son coffre, linge, habits et trouceau, tel qu'elle l'a de présent par devers elle, payable par lesdits sieurs mariés Moïse Aumonier et Guillaume Aumonier leur fils, à laditte future épouse ou ez siens, sçavoir la somme de mille livres dans la bénédiction nuptiale desdits futurs époux, cinq cents livres dans d'huy datte de cette en deux ans, ainsy à continuer semblable payement de cinq cents livres d'année à autres jusqu'en fin de payement : outre laquelle susditte constitution dotale, lesdis sieur mariés Moïse Aumonier ont constitué et constituent des réserves à eux faittes par le contrat de mariage contenant donation dudit sieur Guillaume Aumonier leur fils à laditte damoiselle future épouse acceptante de l'authorité de son dit

futur époux la somme de cinq cents livres payable un an
après le payement de la susdite somme de quinze cents livres,
et c'est la susditte constitution dotalle ainsy susfaitte à ladite
future épouse, pour tous droits de légitime, noms, droits,
raisons et actions qu'elle pouroit avoir et prétendre, lors et
pour l'avenir, aux biens, hoiries et successions de ses dits
père et mère, auxquelles elle a renoncé et renonce de l'authorité de son dit futur époux au profit de son dit frère et des
siens venant, laquelle susditte constitution dotalle, par ledit
sieur futur époux, il sera teneu assigner icelle sur bons et
suffisants héritages qui tiendront nature de fonds anciens au
profit de laditte future épouse et des siens.

Se sont lesdits futur époux et épouse advenir associé et
associent, en tous et un chacun, les meubles, acquêt et con-
quest qu'ils feront durant le présent mariage, chacun deux
pour une moitié et égale portion. Donnera ledit futur époux à
laditte damoiselle future épouse et de son propre des bagues
et joyaux jusqu'à la somme de quatre cents livres qui luy
tiendront pareillement nature de fonds anciens. Se sont lesdits
futur époux et épouse advenir fait les donations de survie et
augment de mariage, l'un à l'autre; à sçavoir ledit futur époux
à laditte damoiselle future épouse, de la somme de quatre
cents livres, et laditte future épouse audit futur époux, de la
somme de deux cents livres, à prendre et lever par le survi-
vant d'eux sur les biens les plus clairs du premier mourant,
incontinant après son décès. Finallement se pourront lesdits
futur époux et épouse advenir faire telle donation et avantage
de leurs biens que bon leur semblera, tant soit par testament
qu'autrement, non obstant tous droits, lois et coutumes à ce
contraires auxquels ils ont renoncé et renoncent par cette; et
pour la validité de la présente donation et insinuation d'icelle,
lesdittes parties ont fait, nommé, créé et constitué leurs procureurs au bailliage de Charollais et Mâconnais tous porteurs
de cette, pour en requérir, demander et accepter l'insinuation
à la forme de l'ordonnance,

Ainsy l'ont voulu lesdittes parties qui ont promis par leurs foy et serment et sous l'obligation de tous et un chacun leurs biens, meubles et immeubles, noms, droits, raisons et actions présent et advenir quelconques, avoir, tout le contenu au présent contrat de mariage agréé, et l'entretenir de poins en poins, suivant sa forme et teneur, sans y contrevenir à façon que se soit, à peine de tous dépens, dommages et intérêts, sous les soubmissions à touttes cours royalles et autres renonciations à tous droits contraires et autres clauses aux présentes utiles, requises et nécessaires.

Fait et passé au lieu de Chalanforge, maison desdits sieurs Aumonier, après mydy, le trentième jour du mois de janvier, mil six cent soixante six, présents, Joseph Marque, sieur des Coindrieux, cousin de laditte damoiselle future épouse, vénérable et discrette personne messire Antoine Alacoque, prestre dudit Verovre, cousin dudit futur époux, maître Gaspard Declessy, notaire royal de la paroisse d'Ozolles, cousin desdits futurs époux, maitres François et Louis de Rimont frères, procureurs à Saint-Gengoux-le-Royal; aussy cousins de laditte future épouse, honneste Michel Lavilette, marchand dudit Verovre, aussy cousin dudit futur époux, honnestes Toussaint et Jean de Laroche père et fils, oncle et cousin desdits futurs époux, Jacques Alacoque, frère dudit futur époux, Denis Clement, laboureur dudit Verovre, Claude Douard et Jacques Déroche, laboureurs dudit Trevy, et Gabriel Bonnetain, praticien dudit Trevy, temoins requis et soussignés, fors lesdits Toussaint de Laroche, Clément, Douard et Déroche qui ont déclaré ne sçavoir signer de ce enquis.

Ainsi signé sur la minutte de cette : P. Lamain, H. de Chapon la Boutière, Alacoque, Angélique Aumonier, Aumonier de Chalanforge, Alacoque, prestre, de la Bergère, Marque Coïndry, Aumonier de Chalanforge, de Rimond, de Rimond, de Clessy, Alacoque, Lavillette, Laroche, Bonnetain et Bonnetain, notaire royal.

Expédié pour maître Claude Sapaly et damoiselle Eslizabette Alacoque, sa femme, le réquérant pour leur servir et valloir de ce que de raison, par moy sus-signé et soubsigné notaire. Signé par un paraphe (Papiers de famille de Sapaly, de Paris, mentionné page 37).

XXXIX

TESTAMENT DE MARGUERITE ALACOQUE.

Pardevant le notaire royal résidant au lieu de Saint-Martin-d'Ozolles soussigné et en présence des témoins asprès nommés et ycy expressément appellés, fust présente en sa personne damoizelle Marguerite Alacocque, fille de défffunt maître Claude Alacocque, vivant notaire royal du lieu de Verosvres et lieutenant des terres et seigneuries du Terreau, et de damoizelle Philiberte Lamin.

Laquelle estant en pleine santé de corps, esprit, mémoire et entendement, ainsy qu'il est visiblement asparut à moy ledit notaire et auxdits témoins et disposée pour entrer en religion aux Saintes-Marie du couvent de Paray-le-Monial, ainsy que les supérieures et autres dames dudit couvent luy ont faict espérer, désirant d'évither toutes difficultés qui pourroient naistre entre ses parents pour la recherche de ses biens, asprès qu'elle aura fait profession, si tant est qu'elle arrive, elle m'a prié et requis de vouloir rédiger par escript le présent son testament disposant de ses dits biens, ainsy que s'ensuyt.

Premièrement, elle a fait le vénérable signe de la croix en profférant les parolles, priant sa divine Majesté luy faire miséricorde de ses offenses et luy accorder ses grasses pour survenir à son intention, implorant aussy pour cét effest le secour de la glorieuze vierge Marie et le suffrage des saints et saintes du Paradis, et venant comme sus est dit, à la disposition de ses dits biens, elle donne et lègue à l'église dudit Verosvres la somme de vingt-cinq livres, laquelle somme elle veut estre employée pour une bannière ou chasuble, et qu'elle soit payée incontinant asprès qu'elle aura fait proffession au susdit couvent, par son héritière cy-asprès nommée.

Item. Donne et lègue et par droit d'institution, hoirie et légat particulliers deslaisse à ladite damoizelle Philiberte Lamin, sa chère mère, la somme de cinq cents livres qu'elle luy avoit donné de ses biens par le contrat de mariage de sieur Jean-Chrisostome Alacocque son frère, avecq damoizelle Angélique Aulmosnier, laquelle somme elle veut luy estre deslivrée aussy asprès qu'elle aura fait profession, pour, par elle en disposer comme bon luy semblera ainsy qu'elle pouvoit avant luy avoir donné, pour toutes prétentions qu'elle pourroit rechercher en ses biens, et de plus veut qu'il luy soit deslivré au même temps la somme de dix-huit livres pour estre employée à luy achepter un habit.

Item, donne et lègue à honneste Jacques Alacocque, son frère, estudiant de présent au collége de Cluny, la somme de trois cents livres et un lict tel qu'il luy a esté donné par le testament dudit deffunt maître Claude Alacocque, son père; son coffre tel qu'elle le laisse à la maison ou pour la valleur d'iceluy, au cas qu'on ne luy relasche pas, la somme de dix-huit livres, et de plus, une nappe, une douzaine serviettes, un plat et une escuelle d'estaing avecq une cullière d'argent, le tout payable lorsqu'il aura atteint l'aage de majorité, sans intérêts, pour tous droits qu'il pourroit rechercher en ses biens, le suppliant d'accepter le présent légat.

Item, donne et lègue à honnestes filles Huguette et Magdelaine Alacocque, filles desdits sieur mariés Alacocque et Aulmosnier, ses nièpces et à chascune d'elle, la somme de trois cents livres et en outhre à ladite Huguette un habit du prix de trente livres, payable, lorsqu'elles auront trouvé party en mariage ou qu'elles auront atteint l'aage de majorité, par sa dite héritière asprès nommée.

Item. Elle veut et entend qu'une commande de brebis que tient d'elle Pierre... soit partagée égallement, savoir la moitié audit Jacques, son frère, et l'autre moitié à honnestes filles

Claude Alacocque, sœur des sus nommées légataires et la dite Huguette Alacocque, pour participper égallement tant au cappital qu'au croit provenu et qui en proviendra, par moitié, comme dict est, pour ledict Jacques l'une et l'autre par ses dites deux nièpces Claude et Huguette.

Laquelle Claude Alacocque, fille aisnée des dicts sieur mariés Alacocque et Aulmonier, elle a fait et fait, nomme, crée et institue son héritière universelle seule et pour le tout en tout le restant de ses biens dont n'est fait mention cy dessus, à la charge qu'elle sera tenue de payer les susdicts légats et en outhre sa dotte telle qu'on l'a promis aux dictes dames religieuses dudict couvent Sainte-Marie de Paray, et de plus de luy payer annuellement la somme de cinq livres, payable à compter du jour de sa profession sa vie durant.

Nommant pour exécuteur du présent son testament le dict sieur Jean Chrisostome Alacocque, qu'elle supplie en avoir soins, estant bien persuadé qu'il n'y manquera pas et à quoy elle se refie, puisque, comme elle dict, il luy a toujours presté toute assistance dèz le décèds de leur père. Et au cas que par grand inconvénient ledict couvent vînt à succomber, elle se réserve le pouvoir de rentrer dans ses biens autres que ceux qui auront esté deslivrés audict couvent, pour pouvoir estre restably en un autre, et, à ce, en ce cas, implore l'assistance dudict sieur son frère.

Ainsy que dessus l'a dict, voulu et fait escripre ladite damoizelle testatrice, cassant, révoquant et annullant tous autres testaments qu'elle pourroit avoir cy-devant faict, voulant cesthuy valloir et subsister par toute meilleure forme que testament et ordonnance de dernière volonté peut et doive valloir.

Faict, leu et passé en la maison de ladicte damoizelle testatrice, en une chambre du costé du matin où elle m'a retiré à part pour ce sujiet, sur l'heure de dix du matin, le dix-neuvième jour du mois de juin mil six cent soixante et onze, présence de Guillaume Aulmosnier, sieur de Chalanforge, et

Anthoine de Laroche, clerc dudit Verosvres, tesmoins requis, appellés et soussignés avecq ladite damoizelle testatrice, présence desquels le présent a esté leu et releu, asprès quoy elle a déclaré le vouloir ainsy.

La minute est signée, Marguerite Alacoque, Aulmonier de Chalanforge, A. de Laroche, et Declessy, notaire royal.

L'an mil huit cent soixante-quinze, le premier octobre, les présentes ont été expédiées et collationnées par Mᵉ Louis Thevenin, notaire à Charolles, Saône-et-Loire, sur la minute dudit testament étant en sa possession comme détenteur des minutes de Mᵉ Declessy, notaire royal à la résidence de Saint-Martin-d'Ozolles.

Signé : THEVENIN.

TABLE DES MATIÈRES

PARENTÉ.   7

Autun. — Imp. Dejussieu père et fils.

www.ingramcontent.com/pod-product-compliance
Lightning Source LLC
Chambersburg PA
CBHW071232290326
41931CB00037B/2791